務實阿備從政狂想曲

張奕治｜著

【自　序】以古諷今的惡搞之作

本書內容絕大多數是作者自己對於三國史料帶有惡趣味的解讀與詮釋，除了附有出處來源的資訊之外，一些註明為「稗官野史」或「民間流傳」的段落字句皆屬虛構，切勿認眞看待。

倘若閱讀本書的讀者同時具備「歷史」和「政治」兩種領域的認知，那麼必定能夠得到最高程度的樂趣。

作者自己也期許本書就算沒達到「以古諷今」的成就，也能有「娛樂世人」的效果。希望大家會喜歡。

目錄

【第三章】荊州時期 37

【序　章】政治素人

〇〇一　劉備（阿備），人類史上最務實的政治人物

劉備，字玄德，在東漢末年討伐黃巾之亂的過程中崛起，因而踏入政壇，由於以「仁義待人、愛民如子」著稱，在當代享有極高的聲望，後人對他的評價也多為正面。

然而，近代也有人提出一些不同的意見，認為劉備重視仁義只是政治人物刻意塑造出來的表面形象，實際上的劉備充滿權謀算計，善於作秀表演，堪稱「政壇戲精」。

不論是正面的評價或是負面的評價，筆者個人認為都成立，但為何明明就看似相反矛盾的評價卻能同時存在呢？

理由很簡單，就是「務實」。

什麼是「務實」？簡單來說，「務實」就是不被既有的價值觀念拘束，依據實際的狀況，來調整自己的行為——即便那個行為是與自己的核心價值相牴觸。

就拿本書的主角劉備來說，被譽為行事風格充滿仁義精神的他曾有過以下看似投機、背信忘義的行為：

一、到處寄生，蹭好蹭滿

劉備從一開始就是靠寄生在政壇上生存——先去寄生徐州蹭陶謙，再去寄生荊州蹭劉表，

後去寄生益州蹭劉璋，整個生涯更用自己「劉皇叔」的稱號寄生上流。

二、政治變色龍

袁紹勢力強，就去投靠袁紹；曹操勢力強，就在曹操底下蟄伏；孫權有地盤，就去求援助，也不想自己的兵力遠不及盟友，硬是讓自己的軍師諸葛亮去指使東吳做事——後來這些人都遭劉備背刺，並與其鬧翻。

要知道袁紹曹操孫權這些人彼此有嫌隙，但劉備卻能輕鬆變換立場在這些陣營之間穿梭，毫無阻礙地投靠抱大腿，靈活的身段堪稱當代一絕，就連「三姓家奴」呂布都難以望其項背。

三、過河拆橋

前期跟呂布合作，但後來呂布反叛被曹操抓到，立刻判斷「那個已經沒用了」，就提醒曹操此人不可留，一代戰神因而殞落。

中期與孫權結盟合力對抗曹操，卻在赤壁之戰打完後，覺得「那個已經沒用了」，就開始處處與盟友東吳作對，與其搶奪荊州的控制權。

後期幫劉璋對抗張魯，卻因爲後勤補給不力，認定「那個已經沒用了」，反過來倒打劉璋一把，並搶了他的地盤。

四、三角形高手

在徐州畫呂布曹操的三角形，在荊州畫孫權曹操的三角形，在益州畫劉璋張魯的三角形——堪稱當代畫三角形的高手，我想這大概也是劉備對於更為傑出的三角形大師諸葛亮如此推崇讚賞的原因吧。

綜觀以上四點，可以發現以仁義著稱的劉備，竟然做出如此多違背仁義精神的行徑，但這絲毫無損後人對他的評價，這就是劉備務實精神的體現。

筆者甚至可以認定劉備是人類歷史上最務實的政治人物，因為在一千八百年後的現在都還會不時聽到有人喊「阿備務實、阿備可愛」——由此可見劉備的魅力與影響力非凡。

即便筆者並非劉備的粉絲，但為了突顯劉備營造出來的親民形象，筆者在之後的文章會以「阿備」代稱劉備，期許以這種方式來更加清楚剖析阿備從「政治素人」進化到「熟練政客」的從政生涯。

〇〇二　自認真命天子的阿備是「陸選的共用人」？

關於阿備的初登場，《三國演義》在〈第一回：宴桃園豪傑三結義，斬黃巾英雄首立功〉是這麼描述的：

那人不甚好讀書；性寬和，寡言語，喜怒不形於色；素有大志，專好結交天下豪傑；生得身長七尺五寸，兩耳垂肩，雙手過膝，目能自顧其耳，面如冠玉，唇若塗脂；中山靖王劉勝之後，漢景帝閣下玄孫；姓劉，名備，字玄德。昔劉勝之子劉貞，漢武時封涿鹿亭侯，後坐酬金失侯，因此遺這一枝在涿縣。玄德祖劉雄，父劉弘。弘曾舉孝廉，亦嘗作吏，早喪。玄德幼孤，事母至孝；家貧，販屨織蓆爲業。家住本縣樓桑村。其家之東南，有一大桑樹，高五丈餘，遙望之，童童如車蓋。相者云：「此家必出貴人。」

玄德幼時，與鄉中小兒戲於樹下，曰：「我爲天子，當乘此車蓋。」叔父劉元起奇其言，曰：「此兒非常人也！」

從上面這段描述可以得知，阿備從小就有遠大的志向，認定自己是「眞命天子」——爲何阿備從小就有這樣的自信呢？筆者認爲這一切都要從阿備的名字說起。

中國古代人是非常重視姓名的，父母替自己的孩子取名字都是有其涵義，認爲名字可以影響人一生的運勢，名字若取得好，未來前途就會一片光明。

歷史上並沒有對阿備名字的涵義有相關紀錄解析，於是筆者就試著自己來進行解析：

劉備，字玄德。劉玄德，音近「六選的」，而六等同於「陸」，所以也可解釋成「陸選的」；而「備」這個字可拆解成「共」、「用」、「人」——所以阿備就是「陸選的」「共用人」。

「陸選的」「共用人」是什麼意思呢？筆者將其解讀成「神州大陸所選出來，爲天下所共用之人」，相信阿備自己也這麼認定的，所以才老是擺出一副「我眞命天子欸」的態勢，也因爲有這樣的自信，才能收服關羽、張飛、趙雲這群猛將，爲其出生入死、赴湯蹈火，並在後來替阿備打造蜀漢帝國的根基——換言之，阿備這一生的成就全都起源於他自己的名字啊！

○○三　阿備為何會願意跟地方勢力與前科犯為伍？

阿備在第一回登場的時候，就巧遇關羽和張飛，演義是這樣描述的：

及劉焉發榜招軍時，玄德年已二十八歲矣。當日見了榜文，慨然長歎。隨後一人厲聲言曰：「大丈夫不與國家出力，何故長歎？」

玄德回視其人：身長八尺，豹頭環眼，燕頷虎鬚，聲若巨雷，勢如奔馬。玄德見他形貌異常，問其姓名。其人曰：「某姓張，名飛，字翼德。世居涿郡，頗有莊田，賣酒屠豬，專好結交天下豪傑。適纔見公看榜而歎，故此相問。」玄德曰：「我本漢室宗親，姓劉，名備。今聞黃巾倡亂，有志欲破賊安民；恨力不能，故長歎耳。」飛曰：「吾頗有資財，當招募鄉勇，與公同舉大事，如何？」玄德甚喜，遂與同入村店中飲酒。

正飲間，見一大漢，推著一輛車子，到店門首歇了；入店坐下，便喚酒保：「快斟酒來吃，我待趕入城去投軍。」玄德看其人：身長九尺，髯長二尺；面如重棗，脣若塗脂；丹鳳眼，臥蠶眉：相貌堂堂，威風凜凜。玄德就邀他同坐，叩其姓名。其人曰：「吾姓關，名羽，字壽長，後改雲長，河東解良人也。因本處勢豪，倚勢凌人，被吾殺了；逃難江湖，五六年矣。今聞此處招軍破賊，特來應募。」玄德遂以己志告之。雲長大喜。同到張飛莊上，共議大事。

其中的張飛，根據他的自我介紹，是當地的地方勢力；至於關羽則是殺人犯，以現代的角度來看就是有前科（也難怪現代的黑道都會拜關羽）——阿備自詡為亂世中與其他地方諸侯不同的新政治人物，為何會跟地方勢力和前科犯走得那麼近呢？

筆者認為在亂世中一切規則都會被打破，該怎麼辦就怎麼辦，以阿備務實的個性來看，在亂世當中部下的戰力明顯比品德重要，有殺人前科又如何？對這種汙點根本沒必要「零容忍」。

而地方勢力自帶糧草，對於沒有資源的阿備而言，簡直是可遇不可求，就算得把母親請出來去跟地方勢力偶遇聚餐拉攏，筆者相信阿備也會願意這麼做。

後來關張二人被史書記載為「萬人敵」，武力絕對名列東漢末武將的 TOP 10，甚至是前五都不過分；這兩人也造就了阿備在後來建立蜀漢帝國的基礎——事實證明了阿備跟前科犯與地方勢力為伍的決定是聰明的決定。

【第一章】平原時期

一〇一　阿備為何拋下原本治理的地方全國趴趴走？

早期阿備被公孫瓚保奏爲別部司馬，任爲平原相，但是阿備這個平原相當沒多久，就不務正業四處趴趴走。

身爲平原相的阿備先是跑去北海救孔融，接著再跑去寄生徐州蹭陶謙，也許陶謙秉持著「謙備謙備再謙備」的治理態度，讓阿備獲得了陶謙的禮讓，成爲徐州牧。

後來被呂布奪了徐州，阿備又輾轉投靠曹操、袁紹等人，沒多久又與這些人鬧翻，跑去寄生荊州蹭劉表，在那邊度過了好幾年的光景。

直到劉表過世，又恰逢統一北方的曹操揮軍拿下想要打下荊州和江東，阿備才不得不趕緊與孫權結盟合力抗曹。

打完赤壁之戰後，阿備開始蠶食荊州，不久又跑去寄生益州蹭劉璋，最後推翻宿主，自爲成都之王。

當時筆者讀《三國演義》看到這裡，猛然驚覺：阿備不是平原相嗎？平原的百姓這麼支持阿備，結果阿備不好好管理平原，卻四處去管別的地方的事？

這也就罷了，阿備還逢人就說自己要匡復漢室，但他明明就是地方諸侯父母官，卻一直操心中央的事，根本無心地方內政。

務實阿備從政狂想曲

阿備爲何會拋下原本治理的地方全國趴趴走呢？這個現象的成因可以從後來阿備自立漢中王，沒多久又創立蜀漢稱帝的作爲可以窺知一二，簡言之，就是「當了諸侯就想稱王，當了王就想稱帝」，滿腦子都是權力慾望，難怪忘了自己的本分。

有關阿備在平原的政績眞的乏善可陳，筆者想要多寫幾篇平原記事，卻也只能硬擠出一篇，這更可以證明阿備早已忘了人民，忘了從政的初心，被競逐大位的野心給蒙蔽，才會拋下原本的根據地，四處趴趴走，無心內政。

【第二章】徐州時期

二〇一 阿備獲得禮讓全因為「謙備謙備再謙備」？

阿備離開平原後，輾轉來到徐州，後來更從徐州牧陶謙手中接過印信，成為繼任者，在《三國演義》當中是這樣描述的：

謙大喜使人來小沛，請劉玄德議軍務。玄德引關、張帶數十騎到徐州，陶謙教請入臥內。玄德問安畢，謙曰：「請玄德公來，不爲別事：止因老夫病已危篤，朝夕難保；萬望明公可憐漢家城池爲重，受取徐州牌印，老夫死亦瞑目矣！」玄德曰：「君有二子，何不傳之？」謙曰：「長子商，次子應，其才皆不堪任。老夫死後，猶望明公教誨，切勿令掌州事。」玄德曰：「備一身安能當此大任？」謙曰：「某舉一人，可爲公輔：係北海人，姓孫，名乾，字公祐。此人可使爲從事。」又謂糜竺曰：「劉公當世人傑，汝當善事之。」

玄德終是推託，陶謙以手指心而死。眾軍舉哀畢，即捧牌印交送玄德。玄德固辭。次日，徐州百姓，擁擠府前哭拜曰：「劉使君若不領此郡，我等皆不能安生矣！」關、張二公亦再三相勸。玄德乃許權領徐州事；使孫乾、糜竺爲輔，陳登爲幕官；盡取小沛軍馬入城，出榜安民；一面安排喪事。玄德與大小軍士，盡皆挂孝，大設祭奠。祭畢，葬於黃河之原。將陶謙遺表，申奏朝廷。

然而，筆者看到這裡卻也不免好奇：就算不把徐州牧交給自己的兒子，陶謙也可以把大位讓給自己的部屬啊，為何要禮讓給一個非自己派系的劉備呢？

筆者認為陶謙可能是看到阿備四處趴趴走（從平原跑到北海，又從北海跑到徐州），帶著「四趴」精神像隻蜜蜂嗡嗡嗡地很勤勞，是個可以承擔大位的人；又或許想到自己向來以「謙卑謙卑再謙卑」的性格聞名，倘若禮讓阿備接自己的位置，就可以讓徐州在「謙備謙備再謙備」的治理下蓬勃發展。

只可惜阿備接手治理沒多久，位置就被呂布那個長得帥又改姓的傢伙搶走，「謙備謙備再謙備」的治理也因而蕩然無存。

二〇二　那個長得帥又改姓的傢伙憑啥接阿備位置？

阿備在前任徐州牧陶謙「謙備謙備再謙備」的治理理念下獲得禮讓，繼任徐州牧；要知道阿備向來逢人就說自己沒有根據地（平原的居民表示：？），因此徐州牧一職對阿備來說相當重要。

然而，三國名將呂布卻趁阿備討伐袁術的時候，突襲了徐州，讓阿備頓時失去了根據地。

在講阿備跟呂布的恩怨情仇之前，先談談呂布這個人。呂布的外貌是出了名的氣宇軒昂，民間甚至還有「人中呂布，馬中赤兔」的傳言：

李儒見丁原背後一人，生得器宇軒昂，威風凜凜，手執方天畫戟，怒目而視……（中略）於是百官皆散。卓按劍立於園門，忽見一人躍馬持戟，於園門外往來馳驟。卓問李儒：「此何人也？」儒曰：「此丁原義兒：姓呂，名布，字奉先者也。主公且須避之。」卓乃入園潛避。（摘自《三國演義》第三回：議溫明董卓叱丁原，餽金珠李肅說呂布）

……八路諸侯，各自起兵。河內太守王匡，引兵先到。呂布帶鐵騎三千，飛奔來迎。王匡將軍馬列成陣勢，勒馬門旗下看時，見呂布出陣：頭戴三叉束髮紫金冠，體挂西川紅錦百花袍，身披獸面呑頭連環鎧，腰繫勒甲玲瓏獅蠻帶；弓箭隨身，手持畫戟；坐下嘶風赤兔馬；果然是人中呂布，馬中赤兔！（摘自《三國演義》第五回：發矯詔諸鎮應曹公，破關兵三英戰呂布）

只可惜如此英俊，人格卻異常低劣，呂布先後做了丁原和董卓的義子，也先後殺害二人——這也是呂布「三性家奴」稱號的由來。

這個「長得帥又改姓」的傢伙在走投無路的時候，投靠阿備，卻又趁阿備攻打袁術之際，偷襲徐州，接替了阿備徐州牧的職位。

既然取得徐州牧是用偷的，那當時一定會有人對這個結果不服，質疑這個「長得帥又改姓」的傢伙憑啥接阿備的位置？

然而這個「長得帥又改姓」的傢伙當時並沒有受到太多的質疑，一切都是因爲「阿備務實」。

爲何這麼說呢？因爲阿備本來想用陶謙禮讓的徐州牧來養自己的部下，結果人算不如天算，阿備沒料到這個「長得帥又改姓」的傢伙會跑來搶自己的位置。

阿備看局勢不妙，自己的地盤要被搶了，就改向這個「長得帥又改姓」的傢伙示好，對外頭說「本來就打算把位置讓給你了」。

玄德入見呂布拜謝。呂布曰：「我非欲奪城；因令弟張飛在此恃酒殺人，恐有失事，故來守之耳。」玄德曰：「備欲讓兄久矣。」布假意仍讓玄德。玄德力辭，還屯小沛住。（摘自《三國演義》第十五回：太史慈酣鬥小霸王，孫伯符大戰嚴白虎）

阿備還沒培養好接班人，根據地就被奪了，但也可以說成自己原本就支持這個「長得帥又改姓」的傢伙，營造出這個「長得帥又改姓」的傢伙能上位自己也出了一份力，真的是又務實又可愛。

也就是阿備務實的表現，讓這個「長得帥又改姓」的傢伙能夠順利接任徐州牧而不受到其他人的質疑。

二〇三　阿備這番輕視女性的言論是失言或真心話？

在阿備寄生徐州的時候，曾一度被呂布襲擊而失去了城池，連妻子都沒救出來，當時負責守城的張飛感到自責，欲拔劍自刎，阿備立即伸手制止，並說出「妻子如衣服」這類看輕女性的話。

卻說張飛拔劍要自刎，玄德向前抱住，奪劍擲地曰：「古人云：『兄弟如手足，妻子如衣服。衣服破，尚可縫；手足斷，安可續？』吾三人桃園結義，不求同生，但願同死。今雖失了城池家小，安忍教兄弟中道而亡？況城池本非吾有；家眷雖被陷，呂布必不謀害，尚可設計救之。賢弟一時之誤，何至遽欲捐生耶！」說罷大哭。關、張俱感泣。（摘自《三國演義》第十五回：太史慈酣鬥小霸王，孫伯符大戰嚴白虎）

究竟阿備是真的瞧不起女性？還是一時口誤失言？——筆者認為是前者，因為筆者從《三國演義》其他章回找到阿備瞧不起女性的佐證：

雲縱馬過橋，行二十餘里，見玄德與衆人憩於樹下。雲下馬伏地而泣。玄德亦泣。雲喘息而言曰：「趙雲之罪，萬死猶輕！糜夫人身帶重傷，不肯上馬，投井而死。雲只得推土牆掩之；懷抱公子，身突重圍；賴主公洪福，幸而得脫。適纔公子尚在懷中啼哭，此一會不見動靜，想是不能保也。」遂解視之。原來阿斗正睡著未醒。雲喜曰：「幸得公子無恙！」雙手遞與玄德。玄德接過，擲之於地曰：「為汝這孺子，幾損我一員大將！」趙雲忙向地下抱起阿斗，泣拜曰：「雲雖肝腦塗地，不能報也！」（摘自《三國演義》第四十二回：張翼德大鬧長板橋，劉豫州敗走漢津）

在赤壁之戰前夕，面對曹操陣營的大軍壓境，阿備帶著他的部下和民眾逃跑，但他的妻兒在戰亂中不慎走失，後來經由阿備的心腹趙雲努力奔波，幸運救回他的兒子阿斗，不過糜夫人卻不幸罹難。當阿備得知這個噩耗，卻只是顧著表演一齣收買人心的戲碼：將自己的兒子丟擲在地，藉此贏得了趙雲的忠誠；至於不幸罹難的糜夫人則完全沒有被提及——這不正印證先前阿備那番輕視女性的言詞？

二〇四　阿備若獲吳敦義助，是否能成功逆轉戰局？

在阿備領徐州之後沒多久，被曹操打敗的呂布就跑來投靠，阿備即便知道呂布人格低劣，但還是抱著「資源回收再利用」的心態接納他，孰料此舉竟是「養虎爲患」，呂布趁阿備帶兵攻打袁術的時候，襲擊徐州，反客爲主。

務實的阿備爲了生存，只得向呂布低頭，跟呂布說「徐州本來就打算讓給你了」，才獲得了屯兵小沛的機會。然而，後來卻雙方卻又因爲細故而決裂，擅長畫三角形的阿備立刻又跑去投靠曹操，再度過著寄人籬下的日子。

看到這裡，筆者突然想到呂布陣中有個叫吳敦的人，此人一開始是跟著臧霸，後來改協助呂布，呂布被殺之後，吳敦被曹操招募，並授予他利城太守的職位。

呂布復爲袁術使高順攻劉備，公遣夏侯惇救之，不利。備爲順所敗。九月，公東征布。冬十月，屠彭城，獲其相侯諧。進至下邳，布自將騎逆擊。大破之，獲其驍將成廉。追至城下，布恐，欲降。陳宮等沮其計，求救於術，勸布出戰，戰又敗，乃還固守，攻之不下。時公連戰，士卒罷，欲還，用荀攸、郭嘉計，遂決泗、沂水以灌城。月餘，布將宋憲、魏續等執陳宮，舉城降，生禽布、宮，皆殺之。太山臧霸、孫觀、吳敦、尹禮、昌豨各聚眾。布之破劉備也，霸等悉從布。布敗，獲霸等，公厚納待，遂割青、徐二州附于海以委焉，分琅邪、東海、北海爲城陽、利城、昌慮郡。（摘自《三國志：魏書》）

要知道呂布跟曹操可是互爲水火的死敵，吳敦這人在兩邊都能被任用，看風向轉彎的靈活身段可見一斑。

而阿備以畫三角形的功力聞名於世，竟然沒有注意到呂布底下有這樣的能人異士，倘若當時阿備能獲吳敦義助，透過他跟呂布重修舊好並結盟，或許就能把三角形畫得更加完美，更有辦法遊走在曹操呂布的勢力之間——倘若眞如此，三國歷史就會改寫也未可知。

二〇五　阿備的部屬將和術掀起一場腥風血雨大戰？

綜觀阿備的征戰史，打了不少勝仗和敗仗，但生涯前期勝仗大多是對盜賊流寇，比方說黃巾賊；倘若對上有名號的地方諸侯正規軍，阿備陣營就頻頻居下風落敗，比方說對上呂布或曹操，阿備很難獲勝。一直要到軍師諸葛亮的加入，阿備對上地方諸侯的正規軍才有能力取勝——不過這段期間也有例外，那個例外就是袁術。

阿備繼任徐州牧後，曾接獲朝廷的指示，奉命討伐袁術，此戰由阿備帶領的徐州兵獲勝，阿備的部屬關羽還斬了副將荀正。

卻說袁術聞說劉備上表，欲呑其州縣，乃大怒曰：「汝乃織蓆編屨之夫，今輒占據大郡，與諸侯同列；吾正欲伐汝，汝卻反欲圖我！深爲可恨！」乃使上將紀靈起兵十萬，殺奔徐州。兩軍會於盱眙。玄德兵少，依山傍水下寨。

那紀靈乃山東人，使一口三尖刀，重五十斤。是日引兵出，大罵：「劉備村夫，安敢侵吾境界！」玄德曰：「吾奉天子詔，以討不臣。汝今敢來相拒，罪不容誅！」紀靈大怒，拍馬舞刀，直取玄德。關公大喝曰：「匹夫休得逞強！」出馬與紀靈大戰。一連三十合，不分勝負。紀靈大叫少歇，關公便撥馬回陣，立於陣前候之。紀靈卻遣副將荀正出馬。關公曰：「只教紀靈來，與他決個雌雄！」荀正曰：「汝乃無名下將，非紀將軍對手！」關公大怒，直取荀正；交馬一合，砍荀正於馬下。玄德驅兵殺將過去，紀靈大敗退守淮陰河口，不敢交戰；只教軍士來偷營劫寨，皆被徐州兵殺敗。兩軍相拒，不在話下。（摘自《三國演義》第十四回：曹孟德移駕幸許都，呂奉先乘夜襲徐郡）

阿備跟袁術的第一次交戰，由阿備取得了重大的勝利，甚至可以說是完全的勝利。然而，因為呂布趁阿備出征偷襲徐州，導致阿備頓失根據地，以至於後來得輾轉投靠曹操。之後又為了擺脫曹操的操控，阿備藉故要討伐袁術而向曹操借了五萬兵出征，這回更是把術軍殺得屍橫遍野、血流成河。

玄德知袁術將至，乃引關，張，朱靈，路昭，五萬軍出，正迎著先鋒紀靈至。張飛更不打話，直取紀靈。鬥無十合，張飛大喝一聲，刺紀靈於馬下。敗軍奔走，袁術自引軍來鬥。玄德分兵三路，——朱靈，路昭在左，關，張在右，玄德自引兵居中，——與術相見，在門旗下責備曰：「汝反逆不道，吾今奉明詔前來討汝。汝當束手受降，免你罪犯。」袁術罵曰：「織席編屨小輩，安敢輕我！」麾兵趕來。玄德暫退，讓左右兩路軍殺出。殺得術軍屍橫遍野，血流成渠；士卒逃亡，不可勝計。又被嵩山雷薄，陳蘭，劫去錢糧草料。欲回壽春，又被群盜所襲，只得住於江亭。止有一千餘眾，皆老弱之輩。時當盛暑，糧食盡絕，只剩麥三十斛，分派軍

士，家人無食，多有餓死者。（摘自《三國演義》第二十一回：曹操煮酒論英雄，關公賺城斬車冑）

阿備兩次對戰袁術都能獲勝，眞的是出乎眾人的意料，要知道袁術的根據地在淮南，地廣糧多，具有一定的實力，前期只能贏盜賊流寇的阿備竟然能扳倒袁術這位有名號的地方諸侯，這究竟如何做到？

原來袁術這個地方諸侯野心一直都很大，一直都想有僭越稱帝的企圖，可以說是「當了諸侯就想稱王，當了王就想稱帝」，心思都沒放在地方上，雖然地廣糧多，但無心內政，導致民心渙散，支持度低落，也連帶影響軍隊的士氣與水準。

而阿備的部屬心中最大的願望就是讓阿備稱帝登基，因此當他們看到同樣有稱帝野心的袁術，心中怒火定態態燃起，戰意與戰力也隨之大幅提升，所以徐州的百姓才會感受到「阿備的部屬將和術掀起一場腥風血雨大戰」的氣氛。

最終，阿備的部屬果然讓對手的防守跟「紙紮的」沒兩樣，毫無抵抗能力地戰敗了，這一戰也順勢打響了阿備的名號。

二〇六 為何阿備無視壞人的囂張，還誇壞人厲害？

當阿備在曹操底下蟄伏的時候，曾經上演過這麼一幕：

當日獻帝馳馬到許田，劉玄德起居道旁。帝曰：「朕今欲看皇叔射獵。」玄德領命上馬，忽草中趕起一兔。玄德射之，一箭正中那兔。帝喝采。轉過土坡，忽見荊棘中趕出一隻大鹿。帝連射三箭不中，顧謂操曰：「卿射之。」操就討天子寶雕弓、金鈚箭，扣滿一射，正中鹿背，倒於草中。群臣將校，見了金鈚箭，只道天子射中，都踴躍向帝呼萬歲。曹操縱馬直出，遮於天子之前以迎受之。群皆失色。

玄德背後雲長大怒，剔起臥蠶眉，睁開丹鳳眼，提刀拍馬便出，要斬曹操。玄德見了，慌忙搖手送目。關公見兄如此，便不敢動。玄德欠身向操稱賀曰：「丞相神射，世所罕及！」操笑曰：「此天子洪福耳。」乃回馬向天子稱賀，竟不獻還寶雕弓，親自懸帶。（摘自《三國演義》第二十回：曹阿瞞許田打圍，董國舅內閣受詔）

曹操故意向天子討弓箭來打獵，射中獵物後，不知情的官員看到獵物上頭的箭，以為是皇上射中，直呼萬歲，孰料曹操竟然站出來接受眾人的歡呼當時人在現場的關羽看到這一幕大怒，本想衝出一刀斬了曹操，卻被阿備制止，沒想到阿備接著竟然還當場誇獎曹操神射。

看到這裡，筆者不免訝異，身爲漢室宗親的阿備竟沒有當面喝斥曹操的惡行，這也就罷了，也許是阿備知道「實力不夠，大小聲會被笑」，爲了生存，只好吞忍下來，但筆者不能理解的是，爲何阿備還要當場誇獎曹操神射？

經筆者反覆思考後，唯一合理的解釋大概就是因爲「阿備務實」，阿備務實的個性讓他可以毫無阻礙地在眾諸侯間遊走，爲了生存，爲了把三角形畫得更加順利，那麼無視壞人的作爲，甚至當面誇獎壞人，又有啥不好做的？

【第三章】 荊州時期

三〇一　背後有靠山的蔡瑁為什麼會站出來詆毀阿備？

當阿備被曹操追擊到一度走投無路的時候，決定依照下屬的建議，去投靠荊州的劉表。作爲使者的孫乾先來向劉表述說利害關係，希望他能夠收留阿備這位同宗，沒想到劉表的部下蔡瑁（同時是他的姻親）卻在此時站出來詆毀阿備：

玄德大喜，便令孫乾星夜往荊州。到郡入見劉表。禮畢，劉表問曰：「公從玄德，何故至此？」乾曰：「劉使君天下英雄，雖兵微將寡，而志欲匡扶社稷。汝南劉辟、龔都素無親故，亦以死報之。明公與使君，同爲漢室之胄；今使君新敗，欲往江東投孫仲謀。乾諫言曰：『不可背親而向疏。荊州劉將軍禮賢下士，士歸之如水之投東，何況同宗乎？』因此使君特使乾先來拜白，惟明公命之。」

表大喜曰：「玄德，吾弟也。久欲相會，而不可得。今肯惠顧，實爲幸甚。」蔡瑁譖曰：「不可。劉備先從呂布，後事曹操，近投袁紹，皆不克終，足可見其爲人。今若納之，曹操必加兵於我，枉動干戈；不如斬孫乾之首，以獻曹操，操必重待主公也。」孫乾正色曰：「乾非懼死之人也。劉使君忠心爲國，非曹操、袁紹、呂布等比。前此相從，不得已也。今聞劉將軍漢朝苗裔，誼切同宗，故千里相投。爾何獻讒而妒賢如此耶！」（摘自《三國演義》第三十一

回：曹操倉亭破本初，玄德荊州依劉表）

光看上面這段，可以得知蔡相當看不起阿備，認為阿備總喜歡從後面來——不論是投靠寄生或背刺盟友。

其實阿備喜歡從後面來是有跡可循，早在一開始阿備討伐黃巾賊時，就屢屢表現出這種跡象：

次日，張寶搖旗擂鼓，引軍搦戰，玄德出迎。交鋒之際，張寶作法，風雷大作，飛砂走石，黑氣漫天，滾滾人馬，自天而下。玄德撥馬便走，張寶驅兵趕來。將過山頭，關、張伏軍放起號砲，將穢物齊潑。但見空中紙人草馬，紛紛墜地；風雷頓息，砂石不飛。張寶見解了法，急欲退軍。左關公，右張飛，兩軍都出，背後玄德、朱雋一齊趕上，賊兵大敗。

（中略）

時又黃巾餘黨三人——趙弘、韓忠、孫仲——聚眾數萬，望風燒劫，稱與張角報讎。朝廷命朱雋即以得勝之師討之。雋奉詔，率軍前進。時賊據宛城，雋引兵攻之，趙弘遣韓忠出戰。雋遣玄德、關、張攻城西南角。韓忠盡率精銳之眾，來西南角抵敵。朱雋自縱鐵騎二千，逕取東北角。賊恐失城，急棄西南而回。玄德從背後掩殺，賊眾大敗，奔入宛城。（摘自《三國演義》第二回：張翼德怒鞭督郵，何國舅謀誅宦豎）

由上面的描述可以知道，阿備早期打仗的時候，很常「從後面來」，像是討伐黃巾逆賊的時候，兩度從敵軍後面攻擊。

而阿備又很喜歡趁亂攪局，比方說著名的「三英戰呂布」就是很好的例子：

呂布見了，棄了公孫瓚，便戰張飛。飛抖擻精神，酣戰呂布。連鬥五十餘合，不分勝負。雲長見了，把馬一拍，舞八十二斤青龍偃月刀，來夾攻呂布。三匹馬丁字兒廝殺。戰到三十合，戰不倒呂布。劉玄德掣雙股劍，驟黃鬃馬，刺斜裏也來助戰。

這三個圍住呂布，轉燈兒般廝殺。八路人馬，都看得呆了。呂布架隔遮攔不定，看著玄德面上，虛刺一戟，玄德急閃。呂布蕩開陣角，倒拖畫戟，飛馬便回。（摘自《三國演義》第五回：發矯詔諸鎮應曹公，破關兵三英戰呂布）

本來張飛和關羽合力圍攻呂布，二打一已經很不公平了，沒想到這時阿備竟然不講武德，跳進來趁亂攪局，品格低劣由此可見一斑。

可能也就是因爲看穿阿備喜歡「從後面來」的本性，蔡才會忿忿不平地站出來批評阿備，提醒他的主子不要被阿備給騙了。

三〇二　資歷顯赫的阿備即便致上一武騎仍被冷落？

阿備獲劉表收留後，不久就遇到了表現的機會。

卻說玄德自到荊州，劉表待之甚厚。一日，正相聚飲酒，忽報降將張武、陳孫在江夏掠人民，共謀造反。表驚曰：「二賊又反，爲禍不小！」玄德曰：「不須兄長憂慮，備請往討之。」表大喜，即點三萬軍，與玄德前去。玄德領命即行，不一日，來到江夏。張武、陳孫引兵來迎。玄德與關、張、趙雲出馬在門旗下。望見張武所騎之馬，極其雄駿。玄德曰：「此必千里馬也。」

言未畢，趙雲挺鎗出，徑衝彼陣。張武縱馬來迎，不三合，被趙雲一鎗刺落馬下，隨手扯住轡頭，牽馬回陣。陳孫見了，隨趕來奪。張飛大喝一聲，挺矛直出，將陳孫刺死。衆皆潰散。玄德招安餘黨，平復江夏諸縣，班師而回。表出郭迎接入城，設宴慶功。酒至半酣，表曰：「吾弟如此雄才，荊州有倚賴也。但憂南越不時來寇；張魯、孫權皆足爲慮。」玄德曰：「弟有三將，足可委用：使張飛巡南越之境；雲長拒固子城，以鎮張魯；趙雲拒三江，以當孫權；何足慮哉？」

表喜，欲從其言。蔡瑁告其姊蔡夫人曰：「劉備遣三將居外，而自居荊州，久必爲患。」

蔡夫人乃夜對劉表曰：「我聞荊州人多與劉備往來，不可不防之。今容其居住城中，無益，不若遣使他往。」表曰：「玄德仁人也。」蔡氏曰：「只恐他人不似汝心。」

表沈吟不答。次日出城，見玄德所乘之馬極駿，問之，知是張武之馬，表讚不已。玄德遂將此馬送與劉表。表大喜，騎回城中。蒯越見而問之。表曰：「此玄德所送也。」越曰：「昔先兄蒯良，最善相馬；越亦頗曉。此馬眼下有淚槽，額邊生白點，名爲的盧，騎則妨主。張武爲此馬而亡。主公不可乘之。」

表聽其言。次日請玄德飲宴，因言曰：「昨承惠良馬，深感厚意。但賢弟不時征進，可以用之。敬當送還。」玄德起謝。表又曰：「賢弟久居此間，恐廢武事。襄陽屬邑新野縣，頗有錢糧。弟可引本部軍馬於本縣屯紮，何如？」（摘自《三國演義》第三十四回：蔡夫人隔屏聽密語，劉皇叔躍馬過檀溪）

降將張武和陳孫兩人在江夏強盜掠奪，阿備獲知消息，便請纓出戰。征戰過程中，張武陣亡，張武底下的坐騎「的盧」被阿備看出是千里馬，便收爲己用，後來還轉贈給劉表。

要知道這匹的盧並非一般用來運輸貨物的坐騎，而是供武將在戰場上衝刺殺敵的駿馬，阿備願意割愛實屬不易；但立下戰功且之前資歷顯赫的阿備致上一武騎卻還被劉表冷落，發配到劉表屬地的邊疆新野駐守，這究竟是什麼原因？

一方面是蔡瑁看出阿備屢屢背刺主人或盟友的過往，所以才會和他姊姊屢屢中傷阿備；另一方面，謀士蒯越告知阿備送的的盧會妨主，讓劉表開始懷疑阿備心懷不軌，於是對阿備有所顧忌。

根據阿備的經歷，如果讓他擔當大任，肯定無法讓人安心，就算過往曾做出某些實績，也逃不過被打入冷宮的下場——這也就是爲何資歷顯赫的阿備致上一武騎卻還是被冷落的原因了。

三〇三 屢屢失言的阿備為何認為其他人非他對手？

在阿備寄生荊州期間，曾跟荊州牧劉表有以下的對談：

酒酣，表忽潸然下淚。玄德問其故。表曰：「吾有心事，前者欲訴與賢弟，未得其便。」玄德曰：「兄長有何難決之事？倘有用弟之處，弟雖死不辭。」表曰：「前妻陳氏所生長子琦，為人雖賢，而柔懦不足立大事；後妻蔡氏所生少子琮，頗聰明。吾欲廢長立幼，恐礙於禮法；欲立長子，爭奈蔡氏族中，皆掌軍務，後必生亂：因此委決不下。」玄德曰：「自古廢長立幼，取亂之道。若憂蔡氏權重，可徐徐削之，不可溺愛而立少子也。」表默然。原來蔡夫人素疑玄德，凡遇玄德與表敘論，必來竊聽；是時正在屏風後，聞玄德此言，心甚恨之。

玄德自知語失，遂起身如廁。因見己身髀肉復生，亦不覺潸然流淚。少頃復入席。表見玄德有淚容，怪問之。玄德長歎曰：「備往常身不離鞍，髀肉皆散；今久不騎，髀裡肉生。日月蹉跎，老將至矣，而功業不建，是以悲耳！」表曰：「吾聞賢弟在許昌，與曹操青梅煮酒，共論英雄；賢弟盡舉當世名士，操皆不許，而獨曰：『天下英雄，惟使君與操耳。』以曹操之權力，猶不敢居吾弟之先，何慮功業不建乎？」玄德乘著酒興，失口答曰：「備若有基本，天下碌碌之輩，誠不足慮也。」表聞言默然。玄德自知失語，託醉而起，歸館舍安歇。（摘自《三

國演義》第三十四回：蔡夫人隔屏聽密語，劉皇叔躍馬過檀溪）

從上面這段對話，可以發現阿備兩度失言，先是妄加談論別人的家務事，又在主人面前嗆聲說「如果我有資源的話，你們這些人都不會是我的對手」，完全沒把主人放在眼裡。

究竟屢屢失言的阿備憑什麼自認有資源給他的話就一定會比別人強呢？筆者認爲阿備的這份自信是來自於以下兩點：

第一，阿備相信自己是眞命天子，這個在之前解析阿備的姓名的時候就有探討過了，這裡就不多贅述。

第二，陶謙禮讓徐州一事使阿備原本就自大的性格變得更加狂妄，導致阿備潛意識中認爲別人都該禮讓他大位，給他資源好發揮幹大事。

因此，以仁義形象著稱的阿備才會當著劉表的面屢屢失言，把場面弄得相當尷尬。

三〇四 阿備獨自一人在外頭久站是否遭設局捉弄？

阿備在荊州新野縣駐軍的時候，棄職離去的部屬徐庶推薦「臥龍」諸葛亮來作爲自己的接任人選。爲了得到諸葛亮的協助，求才若渴的阿備不惜三顧茅廬，其中第二次拜訪諸葛亮時遇大雪：

時値隆冬，天氣嚴寒，彤雲密布。行無數里，忽然朔風凜凜，瑞雪霏霏；山如玉簇，林似銀床。張飛曰：「天寒地凍，尙不用兵，豈宜遠見無益之人乎？不如回新野以避風雪。」玄德曰：「吾正欲使孔明知我慇懃之意。如弟輩怕冷，可先回去。」飛曰：「死且不怕，豈怕冷乎？但恐哥哥空勞神思。」玄德曰：「勿多言，只相隨同去。」（摘自《三國演義》第三十七回：司馬徽再薦名士，劉玄德三顧草廬）

雖然天氣寒冷，但阿備依舊在寒風中期盼著諸葛亮的出現，然而，阿備在寒風中久候還不打緊，居然還屢屢見錯人。

二人歌罷，撫掌大笑。玄德曰：「臥龍其在此間乎？」遂下馬入店。見二人憑桌對飲，上首者白面長鬚，下首者清奇古貌。玄德揖而問曰：「二公誰是臥龍先生？」長鬚者曰：「公何人？欲尋臥龍何幹？」玄德曰：「某乃劉備也。欲訪先生，求濟世安民之術。」長鬚者曰：「吾等非臥龍，皆臥龍之友也。吾乃潁川石廣元，此位是汝南孟公威。」（摘自《三國演義》第三十七回：司馬徽再薦名士，劉玄德三顧草廬）

玄德待其歌罷，上草堂施禮曰：「備久慕先生，無緣拜會。昨因徐元直稱薦，敬至仙莊，不遇空回。今特冒風雪而來，得瞻道貌，實為萬幸！」那少年慌忙答禮曰：「將軍莫非劉豫州，欲見家兄否？」玄德驚訝曰：「先生又非臥龍耶？」少年曰：「某乃臥龍之弟諸葛均也。愚兄弟三人，長兄諸葛瑾，現在江東孫仲謀處為幕賓。孔明乃二家兄。」（摘自《三國演義》第三十七回：司馬徽再薦名士，劉玄德三顧草廬）

玄德聞歌曰：「此真臥龍矣！」滾鞍下馬，向前施禮曰：「先生冒寒不易！劉備等候久矣！」那人慌忙下驢答禮。諸葛均在後曰：「此非臥龍家兄，乃家兄岳父黃承彥也。」（摘自《三國演義》第三十七回：司馬徽再薦名士，劉玄德三顧草廬）

看到這裡，筆者不免感到驚訝，一次搞錯可能是碰巧，兩次搞錯可能是運氣差，連三次搞錯根本太過誇張，也難怪阿備的親信會如此生氣；而第三回去拜訪諸葛亮的時候竟又出現阿備獨自一人在外頭久站的情況，這讓阿備身旁的親信和支持者們更加確信阿備是被設局捉弄了。

三人來到莊前叩門，童子開門出問。玄德曰：「有勞仙童轉報，劉備專來拜見先生。」童子曰：「今日先生雖在家，但現在草堂上晝寢未醒。」玄德曰：「既如此，且休通報。」分付關、張二人，只在門首等著。玄德徐步而入，見先生仰臥於草堂几席之上。玄德拱立階下。

半晌，先生未醒。關、張在外立久，不見動靜，入見玄德，猶然侍立。張飛大怒，謂雲長曰：「這先生如何傲慢！見我哥哥侍立階下，他竟高臥，推睡不起！等我去屋後放一把火，看他起不起！」（摘自《三國演義》第三十八回：定三分隆中決策，戰長江孫氏報讎）

看到阿備接二連三被人設局惡搞，阿備的親信很自然地大為光火，畢竟阿備是東漢末政壇的大咖，卻在寒風中被安排跟後來才出現唱歌的人在一塊，第三回拜訪時甚至還獨自一人在外頭久站——這是什麼樣考量下的安排？又要叫阿備身邊的人與支持者如何忍受？

即便阿備知道有人不滿，卻也要他的親信別多說什麼，不過身旁的親信卻屢屢失態，表現出失禮的言行——好在最終諸葛亮並未受到影響，依舊答應阿備的邀請出山一展長才。

至於到底是誰設局惡搞阿備，則已經不可考，不知道阿備的親信是否還陷在這個泥淖之中而無法釋懷呢？

三〇五　為何阿備會不顧群眾安危讓他們陷入險境？

《三國演義》當中描述，阿備在寄生荊州、屯兵新野的時候，曾經遭受曹軍三度攻擊：第一次是曹仁領軍，結果阿備靠著化名單福的徐庶就打敗了曹軍；第二次是夏侯惇領軍，阿備則是靠著初出茅廬的諸葛亮火燒博望坡打贏了這一仗；至於第三次是曹操領軍親征，這回阿備被「不理性的恐懼」給打敗，做出與之前不同的決定，打算棄城落跑。

玄德不敢強留。徐庶辭回，見了曹操，言玄德並無降意。操大怒，即日進兵。玄德問計於孔明，孔明曰：「可速棄樊城，取襄陽暫歇。」玄德曰：「奈百姓相隨許久，安忍棄之？」孔明曰：「可令人遍告百姓：有願隨者同去，不願者留下。」先使雲長往江岸整頓船隻，令孫乾、簡雍，在城中聲揚曰：「令曹兵將至，孤城不可久守，百姓願隨者便同過江。」

兩縣之民，齊聲大呼曰：「我等雖死，亦願隨使君！」即日號泣而行。扶老攜幼，將男帶女，滾滾渡河，兩岸哭聲不絕。玄德於船上望見，大慟曰：「為吾一人而使百姓遭此大難，吾何生哉！」欲投江而死，左右急救止，聞者莫不痛哭。船到南岸，回顧百姓，有未渡者，望南而哭。（摘自《三國演義》第四十一回：劉玄德攜民渡江，趙子龍單騎救主）

想當年筆者看到這一段，也被阿備愛民如子的作爲給感動得眼眶泛淚，但多年後重讀這一段卻猛然醒悟：不對啊，面對敵軍侵略，阿備不是該做好萬全準備堅守城池應戰，好守護全城的百姓嗎？怎麼會帶著支持群眾棄城落跑、讓他的民眾陷入險境呢？

不顧民眾的安危也就罷了，阿備還在逃亡過程中發揮戲精的天分，在眾人面前演出自責的模樣並作勢輕生——阿備精湛的演技把在場所有人都逼哭了，只差沒親自走進人群中，對著拼命趕路因而疲憊不堪的民眾問一句「嘿，你好嗎？」。

如此的精心演出，讓一個失職的地方父母官瞬間變成一位仁民愛物的政治家，這種把「喪事當喜事辦」的本領也只有阿備這樣的戲精才能駕馭自如，當代其他政治人物根本難以望其項背。

三〇六　阿備會如此落魄是因為被蔡搞還是自找的？

赤壁之戰前夕，曹軍大舉朝荊州壓境，此時正值荊州牧劉表病危之際，爲了躲避曹軍的追擊，阿備決定棄城落跑；另一方面，荊州牧劉表病逝後，劉表的姻親兼部下蔡瑁僞造遺囑，廢長立幼，令次子劉琮爲荊州之主。

……於是蔡瑁遂立劉琮爲主。蔡氏宗族，分領荊州之兵；命治中鄧義、別駕劉先守荊州。蔡夫人自與劉琮前赴襄陽駐紮，以防劉琦、劉備，就葬劉表之棺於襄陽城東漢陽之原，竟不訃告劉琦與玄德。（摘自《三國演義》第四十回：蔡夫人議獻荊州，諸葛亮火燒新野）

蔡不但派兵看防阿備，甚至在阿備躲避曹軍追擊棄城來求援時，蔡還命軍士亂箭射擊。

劉琮聞玄德至，懼而不出。蔡瑁、張允，逕來敵樓上，叱軍士亂箭射下。城外百姓，皆望敵樓而哭。（摘自《三國演義》第四十一回：劉玄德攜民渡江，趙子龍單騎救主）

看起來，阿備會變得如此落魄，蔡的迫害是主要原因，但果眞是如此嗎？

讓我們把時間調回到阿備棄城落跑之前，荊州牧劉表病危的消息一傳到軍師諸葛亮的耳中，他立即向阿備獻策，建議趁此良機取荊州，但阿備卻堅持不願在此刻取大位。

卻說玄德問孔明求拒曹兵之計。孔明曰：「新野小縣，不可久居。近聞劉景升病在危篤，可乘此機會，取彼荊州爲安身之地，庶可拒曹操也。」玄德曰：「公言甚善。但備受景升之恩，安忍圖之？」孔明曰：「今若不取，後悔何及？」玄德曰：「吾寧死不忍作負義之事。」孔明曰：「且再作商議。」（摘自《三國演義》第四十回：蔡夫人議獻荊州，諸葛亮火燒新野）

倘若阿備當時聽軍師諸葛亮的建言，趁劉表病故之時取下荊州，別在那邊扭扭捏捏，夭鬼假細意，那麼也許根本就不會有棄城逃難的落魄場景。

更別說蔡之所以會處處提防著阿備，也是因爲阿備本人喜歡「從後面來」、愛背刺盟友的劣根性。

玄德大喜，便令孫乾星夜往荊州。到郡入見劉表。禮畢，劉表問曰：「公從玄德，何故至此？」乾曰：「劉使君天下英雄，雖兵微將寡，而志欲匡扶社稷。汝南劉辟、龔都素無親故，亦以死報之。明公與使君，同爲漢室之冑；今使君新敗，欲往江東投孫仲謀。乾諫言曰：『不可背親而向疏。荊州劉將軍禮賢下士，士歸之如水之投東，何況同宗乎？』因此使君特使乾先來拜白，惟明公命之。」

表大喜曰：「玄德，吾弟也。久欲相會，而不可得。今肯惠顧，實爲幸甚。」蔡瑁譖曰：「不可。劉備先從呂布，後事曹操，近投袁紹，皆不克終，足可見其爲人。今若納之，曹操必加兵於我，枉動干戈；不如斬孫乾之首，以獻曹操，操必重待主公也。」（摘自《三國演義》第三十一回：曹操倉亭破本初，玄德荊州依劉表）

早在阿備跑來投靠劉表的時候，蔡就看出此人不可信，即便主子劉表不聽建言依舊收留阿備，但也在蔡心中埋下了不信任感，成爲日後阿備跟蔡反目成仇的導火線——歸根究柢，阿備落魄的下場簡直可以說是自己性格上的缺陷所造成的啊！

三〇七　為何阿備再度「一日雙城」卻沒之前成功？

赤壁之戰前夕，曹操欲率領大軍揮兵江南，駐軍在新野的阿備首當其衝。面對曹操大軍壓境，軍師諸葛亮提出「棄城落跑」的建議，展開「一日雙城」的行動——從新野轉進到樊城。

正商議間，探馬飛報曹兵已到博望了。玄德慌忙發付伊籍回江夏，整頓軍馬，一面與孔明商議拒敵之計。孔明曰：「主公且寬心，前番一把火，燒了夏侯惇大半人馬；今番曹軍又來，必教他中這條計。我等在新野住不得了，不如早到樊城去。」便差人四門張榜，曉諭居民：「無論老幼男女，願從者，即於今日皆跟我往樊城暫避，不可自誤。」（摘自《三國演義》第四十回：蔡夫人議獻荊州，諸葛亮火燒新野）

阿備採用諸葛亮的意見，率領群眾從新野到樊城（據傳願意跟著阿備離開的群眾占新野城全體居民的百分之四），這次行動堪稱成功，阿備陣營順利抵達樊城。然而，曹軍持續追擊，才剛抵達樊城的阿備只好故技重施，再次展開「一日雙城」的行動。

玄德不敢強留。徐庶辭回，見了曹操，言玄德並無降意。操大怒，即日進兵。玄德問計於孔明，孔明曰：「可速棄樊城，取襄陽暫歇。」玄德曰：「奈百姓相隨許久，安忍棄之？」孔明曰：「可令人遍告百姓：有願隨者同去，不願者留下。」先使雲長往江岸整頓船隻，令孫乾、簡雍，在城中聲揚曰：「令曹兵將至，孤城不可久守，百姓願隨者便同過江。」（摘自《三國演義》第四十一回：劉玄德攜民渡江，趙子龍單騎救主）

然而，這回從樊城到襄陽的「一日雙城」卻沒有像上一回成功，不但沒受到民眾的歡迎，甚至還被拒與城外，不得其門而入。

……玄德急令雲長催船渡之，方纔上馬。行至襄陽東門，只見城上遍插旌旗，壕邊密布鹿角。玄德勒馬大叫曰：「劉琮賢姪，吾但欲救百姓，並無他念，可快開門。」劉琮聞玄德至，懼而不出。蔡瑁、張允，逕來敵樓上，叱軍士亂箭射下。城外百姓，皆望敵樓而哭。（摘自《三國演義》第四十一回：劉玄德攜民渡江，趙子龍單騎救主）

沒辦法，由於守城的蔡瑁看到阿備，大概就聯想到他「從後面來」寄生背刺他人的過往劣行，因此才會對他產生戒心，將其拒於門外。

第二度「一日雙城」的阿備還沒進到襄陽城，就被迫帶著他身旁從新野跟隨的4％群眾落荒而逃，眞的是可憐哪！

三〇八　為何想奪取大位的阿備會「夭鬼假細意」？

在赤壁之戰前夕，曹軍大舉壓境之際，諸葛亮曾勸阿備趁劉表病危的時候取下荊州，但阿備卻斷然拒絕。

卻說玄德問孔明求拒曹兵之計。孔明曰：「新野小縣，不可久居。近聞劉景升病在危篤，可乘此機會，取彼荊州爲安身之地，庶可拒曹操也。」玄德曰：「公言甚善。但備受景升之恩，安忍圖之？」孔明曰：「今若不取，後悔何及？」玄德曰：「吾寧死不忍作負義之事。」孔明曰：「且再作商議。」（摘自《三國演義》第四十回：蔡夫人議獻荊州，諸葛亮火燒新野）

可是等到赤壁之戰打完後，阿備就顯露野心，直接宣布想要拿荊州，別說其他人，連他的部下諸葛亮都看出阿備之前是在「夭鬼假細意」。

酒至數巡，瑜曰：「豫州移兵在此，莫非有取南郡之意否？」玄德曰：「聞都督欲取南郡，故來相助。若都督不取，備必取之。」瑜笑曰：「吾東吳久欲吞併漢江，今南郡已在掌中，如何不取？」玄德曰：「勝負不可預定。曹操臨歸，今曹仁守南郡等處，必有奇計；更兼曹仁勇不可當；但恐都督不能取耳。」瑜曰：「吾若取不得，那時任從公取。」玄德曰：「孔明，子敬在此為證，都督休悔。」

魯肅躊躇未對。瑜曰：「大丈夫一言既出，何悔之有！」孔明曰：「都督此言，甚是公論。先讓東吳去取；若不下，主公取之，有何不可？」瑜與肅辭別玄德，孔明，上馬而去。玄德問孔明曰：「卻纔先生教備如此回答，雖一時說了，展轉尋思，於理未然。我今孤窮一身，無置足之地，欲得南郡，權且容身；若先教周瑜取了，城池已屬東吳矣，卻如何得住？」孔明大笑曰：「當初亮勸主公取荊州，主公不聽，今日卻忘耶？」（摘自《三國演義》第五十一回：曹仁大戰東吳兵，孔明一氣周公瑾）

看到這裡，筆者才猛然驚覺原來赤壁之戰前夕的阿備是在那邊等「天亮、下雨」，卻遲遲沒有「出兵」——阿備一直不敢表露自己想取荊州的意圖，一開始不取，等到大戰打完後就立刻宣布要取，還表現得像是「自己都沒有動，都是別人在動」的樣子——說實在的，這樣矯揉作態的言行真令人作噁，不過也只有阿備這種戲精才能把這種矯情的戲碼詮釋得天衣無縫。

三〇九　阿備的支持者會怨恨蔡沒禮讓阿備大位嗎？

早期阿備寄生徐州的時候，靠陶謙「謙備謙備再謙備」的治理理念，獲得禮讓接下徐州牧。

後來阿備寄生荊州蹭劉表，劉表沒多久病危，但劉的屬下蔡瑁卻篡改遺囑，廢長立幼，改立次子劉琮為荊州牧，並派兵看防長子劉琦和阿備，搞得阿備在曹軍壓境的時刻得被迫棄城逃離。

看到這種情形發生，死命跟著阿備的支持群眾會不會忿忿不平？會不會認為蔡應該像上回那樣，秉持著「謙備謙備再謙備」的精神，禮讓阿備荊州牧的大位？

筆者認為這樣的情形很可能發生，畢竟阿備的支持者向來都認為阿備是亂世中一股清新的政治勢力，其他的政治人物理應禮讓阿備，讓阿備毫無條件地登上大位，所以才會屢屢出現以下的場面：

說來使回徐州，入城見陶謙，呈上書札，言曹兵已退。謙大喜，差人請孔融，田楷，雲長，子龍等赴城大會。飲宴既畢，謙延玄德於上座，拱手對眾曰：「老夫年邁，二子不才，不堪國家重任。劉公乃帝室之冑，德廣才高，可領徐州。老夫情願乞閒養病。」玄德曰：「孔文舉令備來救徐州，爲義也；今無端據而有之，天下將以備爲無義人矣。」糜竺曰：「今漢室陵遲，海宇顚覆，樹功立業，正在此時。徐州殷富，戶口百萬，劉使君領此，不可辭也。」玄德曰：「此事決不敢應命。」陳登曰：「陶府君多病，不能視事，明公勿辭。」玄德曰：「袁公路四世三公，海內所歸，近在壽春，何不以州讓之？」孔融曰：「袁公路塚中枯骨，何足挂齒！今日之事，天與不取，悔不可追。」

玄德堅執不肯。陶謙泣下曰：「君若捨我而去，我死不瞑目矣！」雲長曰：「既承陶公相讓，兄且權領州事。」張飛曰：「又不是我強要他的州郡；他好意相讓，何必苦苦推辭？」（摘自《三國演義》第十一回：劉皇叔北海救孔融，呂溫侯濮陽破曹操）

卻說孔明聞魯肅到，與玄德出城迎接，接到公廨，相見畢。肅曰：「主公聞令姪棄世，特具薄禮，遣某前來致祭。周都督再三致意劉皇叔、諸葛先生。」玄德，孔明，起身稱謝，收了禮物，置酒相待。肅曰：「前者皇叔有言：『公子不在，即還荊州。』今公子已去世，必然見還。不識幾時可以交割？」玄德曰：「公且飲酒，有一個商議。」

肅強飲數盃，又開言相問。玄德未及回答，孔明變色曰：「子敬好不通理！直須待人開口！自我高皇帝斬蛇起義，開基立業，傳至於今；不幸奸雄並起，各據一方，少不得天道好還，復歸正統。我主人乃中山靖王之後，孝景皇帝玄孫，今皇上之叔，豈不可分茅裂土？況劉景升乃我主之兄也，弟承兄業，有何不順？汝主乃錢塘小吏之子，素無功德於朝廷；今倚勢力，占據六郡八十一州，尚自貪心不足，而欲併吞漢土。劉氏天下，我主姓劉倒無分，汝主姓孫反要強爭。且赤壁之戰，我主多負勤勞，眾將並皆用命，豈獨是汝東吳之力？若非我借東南風，周郎安能展半籌之功？江南一破，休說二喬置於銅雀宮，雖公等家小，亦不能保。適來我主人不即答應者，以子敬乃高明之士，不待細說。公何不察之甚也！」（摘自《三國演義》第五十四回：吳國太佛寺看新郎，劉皇叔洞房續佳偶）

孔明曰：「主公平生以義為本，未肯便稱尊號。今有荊、襄兩川之地，可暫為漢中王。」玄德曰：「汝等雖欲尊吾為王，不得天子明詔，是僭也。」孔明曰：「今宜從權，不可拘執常理。」張飛大叫曰：「異姓之人，皆欲為君，何況哥哥乃漢朝宗派！莫說漢中王，就稱皇帝，有何不可！」（摘自《三國演義》第七十三回：玄德進位漢中王，雲長攻拔襄陽郡）

只要有登大位的機會，阿備的支持群眾就會認為阿備接受禮讓是理所當然；跟盟友一起打勝仗，阿備的支持者絕對會認定盟友的功勞不大，大獲全勝的結果都是靠阿備的「外溢效應」；就算阿備只是當上百里侯，但在阿備支持者的心中早就認定阿備是真命天子，是統治整個國家的一國之君。

當阿備的狂熱支持者都充斥著上述的心態，又怎麼可能會不怨恨蔡沒有像上回（陶謙）那樣秉持著「謙備謙備再謙備」的精神，禮讓阿備大位呢？

三一〇　擊沉大連艦隊的頭號功臣是阿備還是盟友？

赤壁之戰，三國歷史中最關鍵經典的戰役，當時曹操率領大軍壓境，爲了與擅長水戰的東吳交手，曹軍也利用拿下荊州的水軍艦隊，並將各艦隊用鐵鍊綁在一塊，連成一體，軍容甚爲浩大，筆者稱其爲「大連艦隊」。

另一方面，孫劉聯盟當中的劉備，帶領的軍隊雖少，在赤壁之戰中卻扮演重要的角色，他底下的諸葛亮和眾多猛將提供了不少的協助，讓孫劉聯軍得以大勝曹軍。

然而，盟友東吳也是十分關鍵的角色，在自己的根據地上出兵出將出糧，倘若沒東吳這個盟友做爲基底，光憑阿備陣營抵抗聲勢浩大的曹軍根本毫無勝算可言。

那麼，究竟擊沉大連艦隊是阿備陣營的功勞比較大？還是盟友東吳的功勞比較大？

這個問題很難有標準答案，畢竟站在任一邊的立場，都會認爲自己出力較多，自己陣營才是這場勝仗的關鍵角色，比方說以下這段就是很好的例證：

卻說孔明聞魯肅到，與玄德出城迎接，接到公廨，相見畢。肅曰：「主公聞令姪棄世，特具薄禮，遣某前來致祭。周都督再三致意劉皇叔、諸葛先生。」玄德，孔明，起身稱謝，收了禮物，置酒相待。肅曰：「前者皇叔有言：『公子不在，即還荊州。』今公子已去世，必然見還。不識幾時可以交割？」玄德曰：「公且飲酒，有一個商議。」

肅強飲數盃，又開言相問。玄德未及回答，孔明變色曰：「子敬好不通理！直須待人問口！自我高皇帝斬蛇起義，開基立業，傳至於今；不幸奸雄並起，各據一方，少不得天道好還，復歸正統。我主人乃中山靖王之後，孝景皇帝玄孫，今皇上之叔，豈不可分茅裂土？況劉景升乃我主之兄也，弟承兄業，有何不順？汝主乃錢塘小吏之子，素無功德於朝廷；今倚勢力，占據六郡八十一州，尚自貪心不足，而欲併吞漢土。劉氏天下，我主姓劉倒無分，汝主姓孫反要強爭。且赤壁之戰，我主多負勤勞，眾將並皆用命，豈獨是汝東吳之力？若非我借東南風，周郎安能展半籌之功？江南一破，休說二喬置於銅雀宮，雖公等家小，亦不能保。適來我主人不即答應者，以子敬乃高明之士，不待細說。公何不察之甚也！」（摘自《三國演義》第五十四回：吳國太佛寺看新郎，劉皇叔洞房續佳偶）

站在東吳的立場，東吳認爲赤壁之戰是靠他們才得以打贏，荊州也才得以保全，故屢屢來向阿備討荊州；站在阿備陣營的立場，阿備陣營的支持者認爲如果不是靠阿備陣營的協助，製造「外溢效應」，赤壁之戰孫劉聯盟不可能大獲全勝。

也就是因爲雙方認知的歧異，造成了孫劉聯盟日後的裂解，荊州爭奪戰也一度由阿備陣營占了上風。至於後來雙方撕破臉，在夷陵之戰裡死命廝殺，阿備陣營的軍力被大火燒到只剩4%，那又是另外一段故事，這就留待之後再做說明。

三一一 「熱區圍堵」失敗導致共存是阿備的責任？

在赤壁之戰末段，諸葛亮借好東風後，就待周瑜率領東吳軍放火燒毀「大連艦隊」，阿備陣營這邊也準備好在火攻後展開「熱區圍堵」的作戰計畫：

孔明便與玄德，劉琦升帳坐定，謂趙雲曰：「子龍可帶三千軍馬，渡江逕取烏林小路，揀樹木蘆葦密處埋伏。今夜四更已後，曹操必然從那條路奔走。等他軍馬過。就半中間放起火來。雖然不殺他盡絕，也殺一半。」雲曰：「烏林有兩條路：一條通南郡，一條取荊州。不知向那條路來？」孔明曰：「南郡勢迫，曹操不敢往，必來荊州，然後大軍投許昌而去。」

雲領計去了。又喚張飛曰：「翼德可領三千兵渡江，截斷彝陵這條路，去葫蘆谷口埋伏。曹操不敢走南彝陵，必望北彝陵去。來日雨過，必然來埋鍋造飯。只看煙起，便就山邊放起火來。雖然不捉得曹操，翼德這場功料也不小。」

飛領計去了。又喚糜竺，糜芳，劉封三人，各駕船隻。遶江剿擒敗軍，奪取器械。三人領計去了。孔明起身，謂公子劉琦曰：「武昌一望之地，最爲緊要。公子便請回。率領所部之兵，陳於岸口。操一敗必有逃來者，就而擒之，卻不可輕離城郭。」劉琦便辭玄德，孔明去了。孔明謂玄德曰：「主公可於樊口屯兵，憑高而望，坐看今夜周郎成大功也。」

時雲長在側，孔明全然不睬。雲長忍耐不住，乃高聲曰：「關某自隨兄長征戰多年來，未嘗落後。今日逢大敵，軍師卻不委用，此是何意？」孔明笑曰：「雲長勿怪！某本欲煩足下把一個最緊要的隘口，怎奈有些違礙處，不敢教去。」雲長曰：「有何違礙？願即見諭。」孔明曰：「昔日曹操待足下甚厚，足下當有以報之。今日操兵敗，必走華容道。若令足下去時，必然放他過去。因此不敢教去。」

雲長曰：「軍師好多心！當日曹操果是重待某，某已斬顏良，誅文醜，解白馬之圍，報過他了。今日撞見，豈肯輕放！」孔明曰：「倘若放了時，卻如何？」雲長曰：「願依軍法。」孔明曰：「如此，立下軍令狀。」雲長便與了軍令狀。雲長曰：「若曹操不從那條路上來，如何？」孔明曰：「我亦與你軍令狀。」

雲長大喜，孔明曰：「雲長可於華容小路高山之處，堆積柴草，放起一把火煙，引曹操來。」雲長曰：「曹操望見煙，知有埋伏，如何肯來？」孔明笑曰：「豈不聞兵法虛虛實實之論？操雖能用兵，只此可以瞞過他也。他見煙起，將謂虛張聲勢，必然投這條路來。將軍休得容情。」

雲長領了將令，引關平，周倉並五百校刀手，投華容道埋伏去了。玄德曰：「吾弟義氣深重，若曹操果然投華容道去時，只恐端的放了。」孔明曰：「亮夜觀乾象，操賊未合身亡。留這人情，教雲長做了，亦是美事。」玄德曰：「先生神算，世所罕及！」（摘自《三國演義》第四十九回：七星壇諸葛祭風，三江口周瑜縱火）

阿備陣營在軍師諸葛亮的策劃下，安排「熱區圍堵」的戰術，只可惜鎮守華容道的關羽成爲「防役破口」（「防守戰役的破口」的簡稱），讓曹操成功逃脫，留下了阿備與曹操「共存」的政治局面。

倘若當時曹操命喪華容道，北方的曹操陣營必定會大亂，後來很可能就不會出現關羽北伐遭遇曹軍頑強抵抗，導致東吳有可趁之機，整個荊州淪陷的連鎖反應了。

由此看來，當初「熱區圍堵」失敗導致「共存」是阿備的責任？

筆者認爲確是如此，即便提出「共存」建議的人是諸葛亮，但阿備身爲領導人有決策權，決策者必須爲最終的定案負責，倘若不贊同，當時就該提出異議，撤換關羽防役的任務，但阿備並沒有；那既然都決定「共存」，後來「共存」導致的後果也就必須由阿備概括承受。

三一二　阿備為何會無視部屬犯下大錯還予以重用？

赤壁之戰尾端，大連艦隊遭大火焚毀，曹操不得已率領敗軍撤離，在撤退期間走華容道，碰上了把守的關羽，孰料關羽竟然念在之前曹操的厚待，無視早先立下的軍令狀，將其縱放。

雲長在側，孔明全然不睬。雲長忍耐不住，乃高聲曰：「關某自隨兄長征戰多年來，未嘗落後。今日逢大敵，軍師卻不委用，此是何意？」孔明笑曰：「雲長勿怪！某本欲煩足下把一個最緊要的隘口，怎奈有些違礙處，不敢教去。」雲長曰：「有何違礙？願即見諭。」孔明曰：「昔日曹操待足下甚厚，足下當有以報之。今日操兵敗，必走華容道。若令足下去時，必然放他過去。因此不敢教去。」

雲長曰：「軍師好多心！當日曹操果是重待某，某已斬顏良，誅文醜，解白馬之圍，報過他了。今日撞見，豈肯輕放！」孔明曰：「倘若放了時，卻如何？」雲長曰：「願依軍法。」孔明曰：「如此，立下軍令狀。」雲長便與了軍令狀。雲長曰：「若曹操不從那條路上來，如何？」孔明曰：「我亦與你軍令狀。」（摘自《三國演義》第四十九回：七星壇諸葛祭風，三江口周瑜縱火）

言未畢。一聲砲響，兩邊五百校刀手擺開，爲首大將關雲長，提青龍刀，跨赤兔馬，截住去路。操軍見了，亡魂喪膽，面面相覷。操曰：「既到此處，只得決一死戰！」眾將曰：「人縱然不怯，馬力已乏，安能復戰？」程昱曰：「某素知雲長傲上而不忍下，欺強而不凌弱；恩怨分明，信義素著。丞相昔日有恩於彼，今只親自告之，可脫此難。」

操從其說，即縱馬向前，欠身謂雲長曰：「將軍別來無恙？」雲長亦欠身答曰：「關某奉軍師將令，等候丞相多時。」操曰：「曹操兵敗勢危，到此無路，望將軍以昔日之情爲重。」雲長曰：「昔日關某雖蒙丞相厚恩，然已斬顏良，誅文醜，解白馬之圍，以奉報矣。今日之事，豈敢以私廢公？」操曰：「五關斬將之時，還能記否？大丈夫以信義爲重。將軍深明春秋，豈不知庾公之斯追子濯孺子之事乎？」

雲長是個義重如山之人，想起當日曹操許多恩義，與後來五關斬將之事，如何不動心？又見曹軍惶惶皆欲垂淚，越發心中不忍。於是把馬頭勒回，謂眾軍曰：「四散擺開。」這個分明是放曹操的意思。操見雲長回馬，便和眾將一齊衝將過去。雲長回身時，曹操已與眾將過去了。雲長大喝一聲，眾軍皆下馬，哭拜於地。雲長愈加不忍。正猶豫間，張遼驟馬而至，雲長見了，又動故舊之情；長歎一聲，並皆放去。（摘自《三國演義》第五十回：諸葛亮智算華容，關雲長義釋曹操）

關羽無視軍令狀賭上自己的性命也就罷了，沒想到阿備竟然也無視軍令狀，施壓諸葛亮饒關羽一命。

卻說孔明欲斬雲長。玄德曰：「昔吾三人結義時，誓同生死。今雲長雖犯法，不忍違卻前盟。望權記過，容將功贖罪。」孔明方纔饒了。（摘自《三國演義》第五十一回：曹仁大戰東吳兵，孔明一氣周公瑾）

說是將功贖罪，但還沒立啥功，關羽就又被授予防守荊州的要職：

數日之後，孔明與雲長等正坐間，人報關平到。眾官皆驚。關平入，呈上玄德書信。孔明視之，內言：「本年七月初七日，龐軍師被張任在落鳳坡前，箭射身故。」孔明大哭，眾官無不垂淚。孔明曰：「既主公在涪關，進退兩難之際，亮不得不去。」雲長曰：「軍師去，誰人保守荊州？荊州乃重地，干係非輕。」孔明曰：「主公書中雖不明寫其人，吾已知其意了。」乃將玄德書與眾官看曰：「主公書中，把荊州託在吾身上，教我自量才委用。雖然如此，今教關平齎書前來，其意欲雲長公當此重任。雲長想桃園結義之情，可竭力保守此地。責任非輕，公宜勉之。」雲長更不推辭，慨然領諾。（摘自《三國演義》第六十三回：諸葛亮痛哭龐統，張翼德義釋嚴顏）

也許會有人說關羽在赤壁戰後有取得長沙郡的戰功，但明眼人都知道是太守韓玄底下的將領魏延反叛，才讓關羽坐享其成。那阿備為何會無視部屬犯下大錯還予以重用？

筆者認為很可能是因為關羽是阿備在早期就跟隨在身邊的老將，對他極為信任；再者關羽在華容道之前也立下不少汗馬功勞，即便他之後犯了錯，但阿備可能念在關羽在自己陣營中蹲點這麼久，很認眞，升他作為防守荊州的指揮官也是很正常的事。

三一三　阿備為何重用那個愛喝酒的南部地方首長？

「鳳雛」龐統，與「臥龍」諸葛亮齊名的天才軍師，一開始先在東吳那邊任事，但稱不上被重用，甚至可以說是被冷凍。

直到經由魯肅引薦，龐統才轉到阿備那邊作事。然而，龐統始終做自己，愛喝酒、愛交朋友，即便他空降到荊州南部某個小縣當縣令依舊故我——那個其貌不揚的酒空把縣令當成「隱形的縣令」，每天飲酒爲樂，睡到自然醒。

統到耒陽縣，不理政事，終日飲酒爲樂；一應錢糧詞訟，並不理會。有人報知玄德，言龐統將耒陽縣事盡廢。玄德怒曰：「豎儒焉敢亂吾法度！」遂喚張飛分付：「引從人去荊南諸縣巡視。如有不公不法者，就便究問。恐於事有不明處，可與孫乾同去。」

張飛領了言語，與孫乾同至耒陽縣。軍民官吏，皆出郭迎接，獨不見縣令。飛問曰：「縣令何在？」同僚覆曰：「龐縣令自到任及今，將百餘日，縣中之事，並不理問，每日飲酒，自旦及夜，只在醉鄉。今日宿酒未醒，猶臥不起。」（摘自《三國演義》第五十七回：柴桑口臥龍弔喪，耒陽縣鳳雛理事）

不過，阿備看在那個酒空在這些年當中念了很多書，比大家想像得還有料，所以非但沒責怪他，還把自己當成賞識千里馬的伯樂，想盡辦法要去蹭那個酒空。

天曉得那個酒空完全不理阿備想蹭聲量的意圖，只想要打敗同陣營的競爭對手，也就是諸葛亮，出線當上首席軍師，才會願意承擔任何職務——包括走在前線領軍——萬箭穿心也在所不惜。

玄德看了書，便教馬良先回。玄德曰：「吾將回荊州，去論此事。」龐統暗思：「孔明怕我取了西州成了功，故意將此書相阻耳。」乃對玄德曰：「統亦算太乙數，已知罡星在西，應主公合得西川，別不主凶事。統亦占天文，見太白臨於雒城，先斬蜀將冷苞，已應凶兆矣。主公不可疑心，可急進兵。」

玄德見龐統再三催促，乃引軍前進。黃忠同魏延接入寨去。龐統問法正曰：「前至雒城，有多少路？」法正畫地作圖。玄德取張松所遺圖本對之，並無差錯。法正言：「山北有條有大路，正取雒城東門；山南有條小路，卻取雒城西門。兩條路俱可進兵。」龐統謂玄德曰：「統令魏延為先鋒，取南小路而進；主公令黃忠作先鋒，從山北大路而進。並到雒城取齊。」玄德曰：「吾自幼熟於弓馬，多行小路。軍師可從大路去取東門，吾取西門。」龐統曰：「大路必有軍邀攔，主公引兵當之。統取小路。」玄德曰：「軍師不可。吾夜夢一神人，手執鐵棒擊吾右臂，覺來猶自臂痛。此行莫非不佳。」龐統曰：「壯士臨陣，不死帶傷，理之自然也。何故以夢寐之事疑心乎？」玄德曰：「吾所疑者，孔明之書也。軍師還守涪關，如何？」龐統大笑曰：「主公被孔明所惑矣。彼不欲令統獨成大功，故作此言以疑主公之心。心疑則致夢，何凶之有？統肝腦塗地，方稱本心。主公再勿多言。來早准行。」當日傳下號令，軍士五更造飯，平明上馬。黃忠，魏延領軍先行。玄德再與龐統約定，忽坐下馬眼生前失，把龐統掀將下來。玄德跳下馬，自來籠住那馬。玄德曰：「軍師何故乘此劣馬？」龐統曰：「此馬乘久，不曾如此。」玄德曰：「臨陣眼生，誤人性命。吾所騎白馬，性極馴熟。軍師可騎，萬無一失。劣馬吾自乘之。」遂與龐統更換所騎之馬。龐統謝曰：「深感主公厚恩。雖萬死亦不能報也。」遂各上馬取路而進。玄德見龐統去了，心中甚覺不快，怏怏而行。（摘自《三國演義》第六十三回：諸葛亮痛哭龐統，張翼德義釋嚴顏）

結果沒想到那個酒空後來還眞的被萬箭穿心射死，也間接讓阿備的皇帝夢化爲泡影，可憐哪！

【第四章】益州時期

四〇一　找阿備談合作是不是飲鴆止渴的愚蠢策略？

由於曹操打贏潼關之戰，平定涼州之後，有意進犯漢中。漢中太守張魯聽從底下軍師的建議，一方面進行防備，另一方面計畫朝西川進逼，擴大自己的版圖。

然而，張魯欲染指西川這個消息很快就傳到益州牧劉璋耳裡，而底下的軍師幕僚卻分成兩派，一派主張找人在荊州的阿備，與之結盟；另一派則反對跟阿備結盟。

次日，張松見劉璋。璋問：「幹事若何？」松曰：「操乃漢賊，欲簒天下，不可為言。彼已有取川之心。」璋曰：「似此如之奈何？」松曰：「松有一謀，使張魯，曹操必不敢輕犯西川。」璋曰：「何計？」松曰：「荊州劉皇叔，與主公同宗，仁慈寬厚，有長者風。赤壁鏖兵之後，操聞之而膽裂，何況張魯乎？主公何不遣使結好，使為外援？可以拒曹操張魯矣。」璋曰：「吾亦有此心久矣。誰可為使？」松曰：「非法正，孟達，不可往也。」璋即召二人入，修書一封，令法正為使，先通情好；次遣孟達領精兵五千，迎玄德入川為援。

正商議間，一人自外突入，汗流滿面，大叫曰：「主公若聽張松之言，則四十一州郡，已屬他人矣！」松大驚；視其人，乃西閬中巴人，姓黃，名權，字公衡，現為劉璋府下主簿。璋問曰：「玄德與我同宗，吾故結之為援；汝何出此言？」權曰：「某素知劉備寬以待人，柔能克剛，英雄莫敵。遠得人心，近得民望。兼有諸葛亮，龐統之智謀，關，張，趙雲，黃忠，魏延爲羽翼。若召到蜀中，以部曲待之，劉備豈肯伏低做小？若以客禮待之，又一國不容二主。今聽臣言，則西蜀有泰山之安；不聽臣言，則主公有累卵之危矣。張松昨從荊州過，必與劉備同謀。可先斬張松，後絕劉備，則西川萬幸也。」璋曰：「曹操，張魯到來，何以拒之？」權曰：「不如閉境絕塞，探溝高壘，以待時清。」璋曰：「賊兵犯界，有燃眉之急；若待時清，則是慢計也。」遂不從其言，遣法正行。又一人阻曰：「不可！不可！」

璋視之，乃帳前從事官王累也。累頓首言曰：「主公今聽張松之言，自取其禍。」璋曰：「不然。吾結好劉玄德，實欲拒張魯也。」累曰：「張魯犯界，乃癬疥之疾；劉備入川，乃心腹之大患。況劉備世之梟雄，先事曹操，便思謀害；後從孫權，便奪荊州。心術如此，安可同處乎？今若召來，西川休矣！」璋叱曰：「再休亂道！玄德是我同宗，他安肯奪我基業？」便教扶二人出。遂命法正便行。法正離益州，逕取荊州，來見玄德。參拜已畢，呈上書信。玄德拆封視之。書曰：「族弟劉璋，再拜致書於玄德宗兄將軍麾下：久伏電天，蜀道崎嶇，未及齎貢，甚切惶愧。璋聞『吉凶相救，患難相扶。』朋友尚然，況宗族乎？今張魯在北，旦夕興兵，侵犯璋界，甚不自安。專人謹奉尺書，上乞鈞聽。倘念同宗之情，全手足之義，即日興師剿滅狂寇，永爲脣齒，自有重酬。書不盡言，耑候車騎。」

玄德看畢大喜，設宴相待法正。酒過數巡，玄德屏退左右，密謂正曰：「久仰孝直英明，張別駕多談盛德。今獲聽教，甚慰平生。」法正謝曰：「蜀中小吏，何足道哉？蓋聞馬逢伯樂而嘶，人遇知已而死。張別駕昔之言，將軍復有意乎？」玄德曰：「備一身寄客，未嘗不傷感而歎息。思鷦鷯尚存一枝，狡兔尚藏三窟，何況人乎？蜀中豐餘之地，非不欲取；奈劉季玉係備同宗，不忍相圖。」法正曰：「益州天府之國，非治亂之主，不可居也。今劉季玉不能用賢，此業不久必屬他人。今日自付與將軍，不可錯失。豈不聞『逐兔先得』之說乎？將軍欲取，某當效死。」玄德拱手謝曰：「尚容商議。」（摘自《三國演義》第六十回：張永年反難楊脩，龐士元議取西蜀）

其中主張聯盟阿備派的部下以法正張松爲首，說要引進阿備這個外援，組成大聯盟，好下架曹氏政權。這些人看起來鬥志高昂、戰力很強，實際上卻是因爲劉璋個人魅力不夠，又整天在那邊歲月靜好無作爲，搞得底下這些部屬乾著急蠢蠢欲動，才會跑去跟阿備暗通款曲，說要顧大局爲益州好，其實不過是爲了自己的個人權位（像是法正後來就被阿備重用）。

至於反對跟阿備聯盟的幕僚則以黃權王累爲首，他們早看穿阿備有併吞益州的野心，認爲找阿備結盟根本就是引狼入室，加速滅亡而已。

就結局來說，反對跟阿備聯盟的主張才是對的，只可惜爲時已晚，阿備的勢力早入侵益州，看來劉璋集團崩塌毀滅也是不可逆的趨勢，只能說找阿備結盟是飲鴆止渴的愚蠢策略啊！

四〇二　阿備專跟敵人唱反調的策略是不是很務實？

阿備在派兵去益州協助劉璋對抗張魯的時候，獲得劉璋部下張松和法正的內應，兩人密謀希望阿備藉著駐兵益州的機會奪取劉璋的根據地，但阿備卻遲遲沒有下定決心。

當日席散，孔明親送法正歸館舍。玄德獨坐沉吟。龐統進曰：「事當決而不決者，愚人也。主公高明，何多疑耶？」玄德問曰：「以公之意，當復何如？」統曰：「荊州東有孫權，北有曹操難以得志。益州戶口百萬，土廣財富，可資大業。今幸張松、法正爲內助，此天賜也。何必疑哉？」

玄德曰：「今與吾水火相敵者，曹操也。操以急，吾以寬；操以暴，吾以仁；操以譎，吾以忠；每與操相反，事乃可成。若以小利而失大義於天下，吾不爲也。」龐統笑曰：「主公之言，雖合天理，奈離亂之時，用兵爭強，固非一道；若拘執常理，寸步不可行矣。宜從權變。且兼弱攻昧，逆取順守，湯，武之道也。若事定之後，報之以義，封爲大國，何負於信？今日不取，終被他人取耳。主公幸熟思焉。」玄德乃恍然曰：「金石之言，當銘肺腑。」（摘自《三國演義》第六十回：張永年反難楊修，龐士元議取西蜀）

阿備說過自己專門跟死敵曹操唱反調，「敵人要的我不要，敵人不要的我就要」——以阿備務實的個性來看，這樣爲反而反的手段看似詭譎，卻又相當合理。

阿備的部下龐統也看出阿備「夭鬼假細意」，故勸阿備在亂世中一定要務實，不可墨守常規——這個建議正與阿備務實的性格一拍即合，所以阿備隨即就被點通。對那時的阿備來說，取益州是理所當然，不取益州才要額外宣布。

四〇三　為何心懷不軌的阿備會假裝成政治受虐兒？

阿備在後期寄生益州蹭劉璋的時候，由於幫劉璋對抗張魯，需要錢糧兵馬，向劉璋請求支援，但劉璋給出的數量卻不如預期，阿備因此大怒，決定依照龐統提出的計策取下益州：

說玄德在葭萌關日久，甚得民心。忽接得孔明文書，知孫夫人已回東吳。又聞曹操興兵犯濡須，乃與龐統議曰：「曹操擊孫權，操勝必將取荊州，權勝亦必取荊州矣。為之奈何？」龐統曰：「主公勿憂。有孔明在彼，料想東吳不敢犯荊州。主公可馳書去劉璋處，只推曹操攻擊孫權。權求救於荊州，吾與孫權脣齒之邦，不容不相援，張魯自守之賊，決不敢來犯界。吾今欲勒兵回荊州，與孫權會同破曹操，奈兵少糧缺。望推同宗之誼，速發精兵三、四萬，行糧十萬斛相助，請勿有誤。若得軍馬錢糧，卻另作商議。」

玄德從之，遣人往成都。來到關前，楊懷高沛聞知此事，遂教高沛守關，楊懷同使者入成都，見劉璋呈上書信。劉璋看畢，問楊懷為何亦同來。楊懷曰：「專為此書而來。劉備自從入川，廣布恩德，以收民心，其意甚是不善。今求軍馬錢糧，切不可與。如若相助，是把薪助火也。」劉璋曰：「吾與玄德有兄弟之情，豈可不助？」一人出曰：「劉備梟雄，久留於蜀而不遣，是縱虎入室矣，今更助之以軍馬錢糧，何異與虎添翼乎？」

眾視其人，乃零陵烝陽人，姓劉名巴字子初。劉璋聞劉巴之言，猶豫未決。黃權又復苦諫。璋乃量撥老弱軍四千，米一萬斛，發書遣使報玄德，仍令楊懷，高沛緊守關隘。劉璋使者到葭萌關見玄德，呈上回書。玄德大怒曰：「吾為汝禦敵，費力勞心。汝今惜財吝賞，何以使士卒效命乎？」遂扯毀回書，大罵而起。使者逃回成都。龐統曰：「主公只以仁義為重，今日毀書發怒，前情盡棄矣。」玄德曰：「如此，當若何？」龐統曰：「某有三條計策，請主公自擇而行。」

玄德問那三條計。統曰：「只今便選精兵，晝夜兼道逕襲成都，此為上計。楊懷高沛乃蜀中名將，各仗強兵拒守關隘；今主公佯以回荊州為名，二將聞知，必來相送；就送行處，擒而殺之，奪了關隘，先取涪城，然後卻向成都，此中計也。退還白帝，連夜回荊州，徐圖進取，此為下計。若沉吟不去，將至大困，不可救矣。」玄德曰：「軍師上計太促，下計太緩；中計不遲不疾，可以行之。」（摘自《三國演義》第六十二回：取涪關楊高授首，攻雒城黃魏爭功）

先不說詳情細節，光看表面，阿備的作為真的很無恥，人家不給你支援（其實有給，只是不如預期），不滿意拍拍屁股走人就好了，竟還想反客為主、奪人土地。

更別說，阿備自己明明就沒有想要打張魯的意願了，反而是想要回去協防荊州，憑啥要人家借兵借糧？

而且再深入的分析，龐統提出的三策，只有上策、中策是取益州，下策明明是退兵回荊州——若無侵占他人基業的企圖，阿備大可選下策。

結果阿備在那邊裝受虐兒，一副「劉璋在那邊七分抗張魯，三分打阿備」的委屈模樣，心中卻早有侵占他人基業的意圖，眞的是令人作嘔啊！

四〇四　阿備能雄霸一方全憑寄生獲得的白水軍嗎？

上篇文章提到，劉璋在底下小雞的慫恿下，與頗有名聲的阿備聯盟，共同抵禦進犯的張魯和未來可能的敵人曹操。劉璋不但喜迎阿備入益州，又令阿備去督白水軍。

十六年，益州牧劉璋遙聞曹公將遣鍾繇等向漢中討張魯，內懷恐懼。別駕從事蜀郡張松說璋曰：「曹公兵強無敵於天下，若因張魯之資以取蜀土，誰能御之者乎？」璋曰：「吾固憂之而未有計。」松曰：「劉豫州，使君之宗室而曹公之深讎也，善用兵，若使之討魯，魯必破。魯破，則益州強，曹公雖來，無能為也。」璋然之，遣法正將四千人迎先主，前後賂遺以巨億計。正因陳益州可取之策。先主留諸葛亮、關羽等據荊州，將步卒數万人入益州。至涪，璋自出迎，相見甚歡。張松令法正白先主，及謀臣龐統進說，便可於會所襲璋。先主曰：「此大事也，不可倉卒。」璋推先主行大司馬，領司隸校尉；先主亦推璋行鎮西大將軍，領益州牧。璋增先主兵，使擊張魯，又令督白水軍。先主並軍三萬餘人，車甲器械資貨甚盛。是歲，璋還成都。先主北到葭萌，未即討魯，厚樹恩德，以收眾心。（摘自《三國志》蜀書先主傳）

後來阿備跟劉璋因後勤補給的事情鬧翻（但明眼人都看得出來阿備是在當政治受虐兒，後勤補給一事根本是藉口），阿備甚至還找理由殺了白水關的守將楊懷，並接收了白水軍。

明年，曹公徵孫權，權呼先主自救。先主遣使告璋曰：「曹公徵吳，吳憂危急。孫氏與孤本為脣齒，又樂進在青泥與關羽相拒，今不往救羽，進必大克，轉侵州界，其憂有甚於魯。魯自守之賊，不足慮也。」乃從璋求萬兵及資（寶），欲以東行。璋但許兵四千，其餘皆給半。張松書與先主及法正曰：「今大事垂可立，如何釋此去乎！」松兄廣漢太守肅，懼禍逮己，白璋發其謀。於是璋收斬松，嫌隙始構矣。璋敕關戍諸將文書勿複關通先主。先主大怒，召璋白水軍督楊懷，責以無禮，斬之。乃使黃忠、卓膺勒兵向璋。先主徑至關中，質諸將並士卒妻子，引兵與忠、膺等進到涪，據其城。璋遣劉璝、冷苞、張任、鄧賢等拒先主於涪，皆破敗，退保綿竹。璋復遣李嚴督綿竹諸軍，嚴率眾降先主。先主軍益強，分遣諸將平下屬縣，諸葛亮、張飛、趙雲等將兵溯流定白帝、江州、江陽，惟關羽留鎮荊州。先主進軍圍雒；時璋子循守城，被攻且一年。（摘自《三國志》蜀書先主傳）

收編白水軍的阿備一方面從荊州調動軍隊，另外一方面率領白水軍朝成都步步進逼；經過兩三年的交戰，最終劉璋投降，阿備自領益州牧。

即便阿備從荊州調動軍隊來支援，但筆者相信打下成都的主力應該是白水軍，原因很簡單，荊州北有曹軍威脅，東有孫吳虎視眈眈，光防守就捉襟見肘了，哪來有餘力可以大力支援益州，因此筆者推測來自荊州的援軍一定不會太多，因此推斷白水軍就是打下成都的主力部隊。

甚至可以說，阿備能雄霸一方、三分天下，全憑寄生獲得的白水軍——這樣的說法一點也不為過。

四〇五　阿備對下屬動怒是因為認定他們墊高自己？

阿備是東漢末年以待人和善聞名的政治人物，他的和善不僅僅是表現在對待民眾，也表現在對待部屬，然而，我們卻也不時看到阿備做出違反和善個性的舉止，比方說阿備攻打益州取下涪關後就曾出現這樣的場面：

眾皆應允。是夜二百人先行，大軍隨後。前軍至關下叫曰：「二將軍有急事回，可速開關。」城上聽得是自家軍，即時開關。大軍一擁而入，兵不血刃，得了涪關。蜀軍皆降。玄德各加重賞，遂即分兵前後守把。次日勞軍，設宴於公廳。玄德酒酣，顧龐統曰：「今日之會，可為樂乎！」龐統曰：「伐人之國而以為樂，非仁者之兵也。」玄德曰：「吾聞昔日武王伐紂，作樂象功，此亦非仁者之兵歟？汝言何不合道理？可速退！」（摘自《三國演義》第六十二回：取涪關楊高授首，攻雒城黃魏爭功）

阿備在打下涪關的隔天進行勞軍，但卻被軍師龐統指正說攻占別人領地後卻飲酒作樂，此非仁義的表現。阿備一聽大怒，痛罵龐統，要他快滾——為何向來態度和善的阿備會這樣對待提出建言的部屬呢？

筆者認爲龐統的建言雖然正確，但也太過直接，當面指正上司，不留情面。此舉可能讓阿備認爲龐統的建言是在「墊高自己」，搞得好像自己才是仁義之人，而阿備不是，所以才會一反過往和善的態度當場翻臉。

也就是阿備忌諱下屬「墊高自己」的發言，讓阿備身邊敢於諫言的忠臣逐漸遠離，只剩一群逢迎拍馬只講好聽話的平庸幕僚圍繞在身邊。在阿備東征孫吳時就曾出現這樣的場面；

韓當口雖應諾，心中只是不服。先主使前隊搦戰，辱罵百端。遜令塞耳休聽，不許出迎，親自遍歷諸關隘口，撫慰將士，皆令堅守。先主見吳軍不出，心中焦躁。馬良曰：「陸遜深有謀略，今陛下遠來攻戰，自春歷夏；彼之不出，欲待我軍之變也：願陛下察之。」先主曰：「彼有何謀？但怯敵耳；向者數敗，今安敢再出？」先鋒馮習奏曰：「即今天氣炎熱，軍屯於赤火之中，取水深爲不便。」

先主遂命各營，皆移於山林茂盛之地，近溪傍澗；待過夏到秋，併力進兵。馮習遂奉旨，將諸寨皆移於林木陰密之處。馬良奏曰：「吾軍若動，倘吳兵驟至，如之奈何？」先主曰：「朕今吳班引萬餘弱兵，近吳寨平地屯住；朕親選八千精兵，伏於山谷之巾。若陸遜知朕移營，必乘勢來擊，卻令吳班詐敗；遜若追來，朕引兵突出，斷其歸路，小子可擒矣。」

文武皆賀曰：「陛下神機妙算，諸臣不及也！」馬良曰：「近聞諸葛丞相在東川點看各處隘口，恐魏兵入寇。陛下何不將各營移居之地，畫成圖本，問於丞相？」先主曰：「朕亦頗知兵法，何必又問丞相？」良曰：「古云：『兼聽則明，偏聽則蔽。』望陛下察之。」先主曰：「卿可自去各營，畫成四至八道圖本，親到東川去問丞相。如有不便，可急來報知。」（摘自《三國演義》第八十三回：戰猇亭先主得讎人，守江口書生拜大將）

在樹林茂密處紮營明明是風險極高的做法，但是阿備底下的謀士幕僚沒有一個提出異議，只會一股腦地吹捧阿備，讚嘆阿備英明神武；唯一有意見的馬良也只是建議阿備去請教專業，不敢當面戳破阿備計畫有瑕疵。

即便已給上司留情面，但面對馬良建議的阿備還是隱約露出不屑的態度，彷彿認定馬良是在「墊高自己」——既然領導人如此剛愎自用，那後來夷陵之戰大敗的結局也就不怎麼令人意外了。

四〇六　較弱小的阿備陣營為何這麼容易發生內鬥？

阿備陣營建立的蜀漢，一般認為是魏蜀吳三國之中最弱的一個，雖然較弱，但阿備陣營卻不時傳出內鬥的情況，以下摘錄幾個比較知名的內鬥事件：

一、魏延鬥黃忠

卻說玄德既得涪水關，與龐統商議進取雒城。人報劉璋撥四將前來，即日冷苞，鄧賢領二萬軍離城六十里，紮下兩個大寨。玄德聚眾問曰：「誰敢建頭功，去取二將寨柵？」老將黃忠應聲出曰：「老夫願往。」玄德曰：「老將軍率本部人馬，前至雒城，如取得冷苞，鄧賢營寨，必當重賞。」

黃忠大喜，即領本部兵馬，謝了要行。忽帳下一人出曰：「老將軍年紀高大，如何去得？小將不才願往。」玄德視之，乃是魏延。黃忠曰：「我已領下將令，你如何敢攙越？」魏延曰：「老將不以筋骨為能。吾聞冷苞，鄧賢，乃蜀中名將，血氣方剛。恐老將軍擒他不得，豈不誤了主公大事？因此願相替，本是好意。」黃忠大怒曰：「汝說吾老，敢與我比試武藝麼？」魏延曰：「就主公之前，當面比試。贏得的便去，何如？」

黃忠遂趨步下階，便叫小校將刀來。玄德急止之曰：「不可。吾今提兵取川，全仗汝二人之力。今兩虎相鬥，必有一傷。須誤了我大事。吾與你二人勸解，休得爭論。」龐統曰：「汝二人不必相爭。即今冷苞，鄧賢，下了兩個營寨。今汝二人自領本部軍馬，各打一寨。如先奪得者便為頭功。」於是分定黃忠打冷苞寨，魏延打鄧賢寨。二人各領命去了。龐統曰：「此二人去，恐於路中相爭。主公可自引軍為後應。」玄德留龐統守城，自與劉封，關平，引五千軍隨後進發。（摘自《三國演義》第六十二回：取涪關楊高授首，攻雒城黃魏爭功）

阿備在寄生益州蹭劉璋的時候，由於後勤補給不力，因而跟劉璋反目成仇，阿備最終決定反噬宿主。在進取雒城的時候，底下兩名大將黃忠跟魏延竟然為了搶頭功而爭吵，還差點比武決勝負。

最終由龐統出面調解，才平息這場紛爭；不過因為擔心黃魏兩人仍可能在任務進行的過程中搶功，龐統不得不額外增派猶如「保姆」的後應部隊去照顧兩人。

二、關羽鬥馬超

一日，玄德正與孔明閒敘，忽報雲長遣關平來謝所賜金帛。玄德召入。平拜罷，呈上書信曰：「父親知馬超武藝過人，要入川來與之比試高低，教就稟伯父此事。」玄德大驚曰：「若雲長入蜀，與孟起比試，勢不兩立。」孔明曰：「無妨，亮自作書回之。」玄德只恐雲長性急，便教孔明寫了書，發付關平星夜回荊州。平回至荊州，雲長問曰：「我欲與馬孟起比試，汝曾說否？」平答曰：「軍師有書在此。」雲長拆開視之。其書曰：「亮聞將軍欲與孟起分別高下。以亮度之，孟起雖雄烈過人，不過黥布，彭越之徒耳；當與翼德並驅爭先，猶未及美髯公之絕倫超群也。今公受任荊州，不為不重；倘一入川，若荊州有失，罪莫大焉。惟冀明照。」

雲長看畢，自綽其髯笑曰：「孔明知我心也。」將書遍示賓客，遂無入川之意。（摘自《三國演義》第六十五回：馬超大戰葭萌關，劉備自領益州牧）

阿備最終不但拿下益州，還收服了西涼名門強將馬超；但阿備的親信關羽卻對馬超這個政二代相當有意見，還想跟他來一場比武以分高下。好在諸葛亮先寫信安撫關羽，才讓這場「職場霸凌」畫下句點。

三、關羽鬥黃忠

漢中王大喜，即差前部司馬費詩為使，齎捧誥命投荊州來。雲長出郭，迎接入城。至公廳禮畢，雲長問曰：「漢中王封我何爵？」詩曰：「『五虎大將』之首。」雲長問那「五虎將」。詩曰：「關、張、趙、馬、黃是也。」雲長怒曰：「翼德吾弟也；孟起世代名家；子龍久隨吾兄，即吾弟也：位與吾相並，可也。黃忠何等人，敢與吾同列！大丈夫終不與老卒為伍！」遂不肯受印。

詩笑曰：「將軍差矣。昔蕭何、曹參，與高祖同舉大事，最為親近，而韓信乃楚之亡將也；然信立位為王，居蕭、曹之上，未聞蕭、曹以此為怨。今漢中王雖有『五虎將』之封，而與將軍有兄弟之義，視同一體。將軍即漢中王，漢中王即將軍也。豈與諸人等哉？將軍受漢中王厚恩，當與同休戚，共禍福，不宜計較官號之高下。願將軍熟思之。」（摘自《三國演義》第七十三回：玄德進位漢中王，雲長攻拔襄陽郡）

在阿備進位漢中王後，封關羽、張飛、趙雲、馬超、黃忠五人為「五虎大將」，然而，關羽卻不滿自己跟老將黃忠並列。關羽可能認為自己是東漢末武將界的大咖，怎會跟一個老頭子排在一塊？甚至好奇「這是什麼樣考量下的安排」？倘若關羽有機會與阿備碰面，說不定還會當面賜教問呢！

從以上三個事件來看，阿備陣營真的很愛內鬥，會內鬥的原因很可能是一方面親信介入太多（比如關羽），另一方面則是阿備賞罰不明的緣故，比如對魏延搶功睜一隻眼閉一隻眼，沒有給予適當的處罰，之後竟然還破格拔擢他為漢中太守，這樣的安排難免會引起其他同事的不滿。

簡而言之，阿備陣營的內鬥頻繁就是阿備的領導能力差、壓制不了下屬所導致的啊！

四〇七　阿備能絕處逢生是不是因為「配騎的盧」？

之前的文章提過，阿備在荊州的時候曾獲一匹名駒，名叫「的盧」，據傳的盧妨主，像是一開始的主人張武就因故身亡，所以獲贈的盧的劉表又將這匹馬回送給阿備：

表沈吟不答。次日出城，見玄德所乘之馬極駿，問之，知是張武之馬，表讚不已。玄德遂將此馬送與劉表。表大喜，騎回城中。蒯越見而問之。表曰：「此玄德所送也。」越曰：「昔先兄蒯良，最善相馬；越亦頗曉。此馬眼下有淚槽，額邊生白點，名爲的盧，騎則妨主。張武爲此馬而亡。主公不可乘之。」

表聽其言。次日請玄德飲宴，因言曰：「昨承惠良馬，深感厚意。但賢弟不時征進，可以用之。敬當送還。」玄德起謝。表又曰：「賢弟久居此間，恐廢武事。襄陽屬邑新野縣，頗有錢糧。弟可引本部軍馬於本縣屯紮，何如？」

玄德領諾。次日，謝別劉表，引本部軍馬逕往新野。方出城門，只見一人在馬前長揖曰：「公所騎馬，不可乘也。」玄德視之，乃荊州幕賓伊藉，字機伯，山陽人也。玄德忙下馬問之。藉曰：「昨聞蒯異度對劉荊州云：『此馬名的盧，乘則妨主。』因此還公，公豈可復乘之？」玄德曰：「深感先生見愛。但凡人死生有命，豈馬所能妨哉！」藉深服其高見，自此常

與玄德往來。（摘自《三國演義》第三十四回：蔡夫人隔屏聽密語，劉皇叔躍馬過檀溪）

然而，當阿備得知的盧妨主的傳說，卻絲毫不以爲意，可能是阿備生死交關的場面看多了，早已「看破生死」；可是阿備萬萬料想不到，這個的盧竟然會成爲他後來絕處逢生的關鍵。

酒至三巡，伊籍起把盞，至玄德前，以目視玄德，低聲謂曰：「請更衣。」玄德會意，即起如廁。伊籍把盞畢，疾入後園，接著玄德，附耳報曰：「蔡瑁設計害君，城外東、南、北三處，皆有軍馬守把。惟西門可走，公宜急逃！」玄德大驚，急解的盧馬，開後園門牽出，飛身上馬，不顧從者，匹馬望西門而走。門吏問之，玄德不答，加鞭而出。門吏當之不住，飛報蔡瑁。瑁即上馬，引五百軍隨後追趕。

卻說玄德撞出西門，行無數里，前有大溪，攔住去路。那檀溪闊數丈，水通襄江，其波甚緊。玄德到溪邊，見不可渡，勒馬再回，遙望城西塵頭大起，追兵將至。玄德曰：「今番死矣！」遂回馬到溪邊。回頭看時，追兵已近。玄德著慌，縱馬下溪。行不數步，馬前蹄忽陷，浸濕衣袍。玄德乃加鞭大呼曰：「的盧！的盧！今日妨吾！」言畢，那馬忽從水中湧身而起，一躍三丈，飛上西岸。（摘自《三國演義》第三十四回：蔡夫人隔屏聽密語，劉皇叔躍馬過檀溪）

劉表的部屬蔡瑁意圖殺害阿備，阿備獲知情報連忙駕著的盧逃離，結果在涉溪的時候，馬蹄陷入河床；就在敵兵追上的緊要時刻，的盧竟然從水中躍起三丈高，將阿備帶上岸邊，遠離追兵的攻擊。

據傳妨主的的盧，竟然會在危急時刻救了阿備——這究竟是為何？

筆者認為是阿備有「配騎的盧」的天命，才能絕處逢生；倘若換成其他人沒「配騎的盧」的天命，依舊有可能惹禍上身，除了張武之外，阿備的軍師龐統也是一個例子。

當日傳下號令，軍士五更造飯，平明上馬。黃忠，魏延領軍先行。玄德再與龐統約定，忽坐下馬眼生前失，把龐統掀將下來。玄德跳下馬，自來籠住那馬。玄德曰：「軍師何故乘此劣馬？」龐統曰：「此馬乘久，不曾如此。」玄德曰：「臨陣眼生，誤人性命。吾所騎白馬，性極馴熟。軍師可騎，萬無一失。劣馬吾自乘之。」遂與龐統更換所騎之馬。龐統謝曰：「深感主公厚恩。雖萬死亦不能報也。」遂各上馬取路而進。玄德見龐統去了，心中甚覺不快，怏怏而行。

卻說雒城中吳懿，劉璝聽知折了冷苞，遂與眾商議。張任曰：「城東南山僻有一條小路，最為要緊，某自引一軍守之。諸公緊守雒城，勿得有失。」忽報漢兵分兩路前來攻城。張任急引三千軍，先來抄小路埋伏。見魏延兵過，張任教儘放過去，休得驚動。後見龐統軍來，張任軍士，遙指軍中大將：「騎白馬者必是劉備。」張任大喜，傳令教如此如此。

卻說龐統迤邐前進，抬頭見兩山狹窄，樹木叢雜；又值夏末秋初，枝葉茂盛。龐統心下甚疑，勒住馬問：「此處是何地名？」內有新降軍士，指道：「此處地名落鳳坡。」龐統驚曰：「吾道號鳳雛，此處名落鳳坡，不利於吾。」令後軍疾退。只聽山坡前一聲砲響，箭如飛蝗，只望騎白馬者射來。可憐龐統竟死於亂箭之下。時年止三十六歲。（摘自《三國演義》第六十三回：諸葛亮痛哭龐統，張翼德義釋嚴顏）

阿備愛護部屬的善心，卻意外讓妨主的的盧害死了龐統，只能說阿備有「配騎的盧」的好運，但龐統卻無啊！

四〇八　為何阿備會從政治素人墮落成為假掰政客？

阿備當年在徐州寄生的時候，獲得陶謙的禮讓，接下徐州牧一職，後來收留呂布，卻遭呂布背刺——趁著阿備帶兵攻打袁術的時候，呂布率領部屬強占徐州城，讓人在外頭的阿備頓失根據地。

爲了在亂世中生存，阿備不得不回徐州向呂布低頭。

玄德入見呂布拜謝。呂布曰：「我非欲奪城；因令弟張飛在此恃酒殺人，恐有失事，故來守之耳。」玄德曰：「備欲讓兄久矣。」布假意仍讓玄德。玄德力辭，還屯小沛住。（摘自《三國演義》第十五回：太史慈酣鬥小霸王，孫伯符大戰嚴白虎）

聽到呂布那番話，相信阿備心中一定會懊悔自己「養虎爲患」，並且感嘆當代的政治人物都很假掰吧？

諷刺的是，十多年後，阿備自己竟也變成假掰的政治人物。

次日，人報「劉皇叔遺幕賓簡雍在城下喚門。」璋令開門接入。雍坐車中，傲睨自若。忽一人掣劍大喝曰：「小輩得志，傍若無人！汝敢藐視吾蜀中人物耶！」雍慌下車迎之。此人乃廣漢綿竹人也；姓秦名宓。雍笑曰：「不識賢兄，幸勿見責。」遂同入見劉璋，具說玄德寬洪大度，並無相害之意。於是劉璋決計投降，厚待簡雍；次日，親賫印綬文籍，與簡雍同車出城投降。玄德出寨迎接，握手流涕曰：「非吾不行仁義，奈勢不得已也！」共入寨，交割印綬文籍，並馬入城。（摘自《三國演義》第六十五回：馬超大戰葭萌關，劉備自領益州牧）

阿備寄生益州反噬宿主，就在劉璋放棄抵抗、出城投降的時候，阿備竟然假掰地說自己是被情勢所逼，才不得不奪取益州，就如同呂布當年奪取徐州那樣萬不得已。

看著一個被稱作擁有仁心的政治素人，在從政的這幾年間漸漸腐化，墮落成滿嘴謊言的政客，真令人感到不勝唏噓啊。

四〇九　阿備陣營明明就有水軍為何還會居於劣勢？

看過《三國演義》的人都知道東吳以強大的水軍著稱，靠著長江天險，屢屢抗拒曹軍，後來東吳跟蜀漢決裂，攻占荊州一役，水軍也發揮相當大的功效。

一般來說，三國公認最強的一方是曹魏，畢竟占有開發已久的中原精華地段，國力最強毫無疑問；至於東吳則是排第二，而蜀漢則是敬陪末座。

其實阿備陣營也有水軍，關羽鎮守荊州的時候就有操練水軍，那為何阿備在三國當中還會居於劣勢呢？就算贏不了資源豐沛的曹魏，好歹也該贏過東吳吧？

筆者推斷阿備陣營的水軍很可能大多是由非專業的義勇軍所擔任，所以戰力才會比不上東吳專業訓練的水軍。

筆者會這麼推論是有根據的，阿備早期就有靠義勇軍的紀錄：

玄德大喜，便令孫乾星夜往荊州。到郡入見劉表。禮畢，劉表問曰：「公從玄德，何故至此？」乾曰：「劉使君天下英雄，雖兵微將寡，而志欲匡扶社稷。汝南劉辟、龔都素無親故，亦以死報之。明公與使君，同為漢室之胄；今使君新敗，欲往江東投孫仲謀。乾諫言曰：『不可背親而向疏。荊州劉將軍禮賢下士，士歸之如水之投東，何況同宗乎？』因此使君特使乾先

來拜白，惟明公命之。」（摘自《三國演義》第三十一回：曹操倉亭破本初，玄德荊州依劉表）

阿備之前在汝南落魄的艱困時期，就曾有劉辟、龔都等義勇軍死命相助，這批不拿報酬的義勇軍對當時資源缺乏的阿備來說，可謂是一大助力。

筆者認為即便阿備有了益州、荊州等根據地，有了資源，但過慣艱困日子的阿備一定還是對義勇軍情有獨鍾，也許當時鎮守荊州的關羽所操練的水軍就是使用義勇軍，素質參差不齊，才會比不上東吳陣營的專業水軍。

此外，有段正史沒有記載的鄉野傳奇，也許是東吳水軍強大的關鍵。在荊州武陵郡有一群名為「五谿蠻」的蠻夷，居住在雄溪、樠溪、辰溪、酉溪、武溪五條溪流附近，故得其名（「谿」意思同「溪」）。由於居住地靠近河流，據傳「五谿蠻」熟諳水性。

在赤壁之戰後，武陵郡一度在東吳孫權的掌控下，即便武陵郡後來借給劉備，但在關羽大意失荊州後，武陵郡又再度回到東吳的掌控範圍。

據傳在東吳治理武陵郡的期間，官方曾經大量募集武陵郡熟諳水性的蠻夷從軍，提高了東吳的水軍素質。

在夷陵之戰當中，阿備陣營水陸並進的大軍被陸遜率領的部隊擊潰，連忙撤退，不僅陸軍傷亡慘重，水軍亦折損不少。

從益州趕來接應的援軍看到同袍死傷如此慘重，皆膽戰心驚；其中一名援軍在救治一名奄奄一息的水軍士兵的時候，好奇地問：「是何人手段如此兇殘？」

只見那名士兵氣若游絲地回答：「伊……是武陵……」話未說完，就氣絕身亡。

眾人聽了這句語意不明的話，還以為「伊是武陵」是東吳境內某個山越的名稱，爾後阿備陣營還把「伊是武陵」當成東吳水軍的代稱，一時之間名聞遐邇。直到荊州當地人出面釋疑，眾人才恍然大悟「伊是武陵」那句遺言是指「那人是武陵郡的蠻夷」。

一方是用素質參差不齊的義勇軍，另一方是吸收有天賦的人才並以專業方式訓練，一來一往、此消彼長，阿備陣營的水軍戰力自然會居於劣勢。

四一〇　為何阿備對人對事有如此誇張的雙重標準？

之前的文章曾講到阿備饒過立下軍令狀卻縱放曹操的關羽，讓其將功贖罪，但沒想到關羽還沒立啥功（攻取長沙郡算是坐享其成，不完全是關羽的功勞），就被升職、接下防守荊州的重責大任。

也許有人會說阿備將犯錯的部屬輕輕放下是個性溫和、善待部屬的表現，但他在處理義子劉封的時候卻又不是如此。

封大怒，欲要攻城，背後追軍將至。封立腳不牢，只得望房陵而奔，見城上已盡插魏旗。申儀在敵樓上將旗一颭，城後一彪軍出，旗上大書「右將軍徐晃」。封抵敵不住，急望西川而走。晃乘勢追殺。劉封部下只剩得百餘騎，到了成都，入見漢中王，哭拜於地，細奏前事。玄德怒曰：「辱子有何面目復來見吾！」封曰：「叔父之難，非兒不救，因孟達諫阻故耳。」玄德轉怒曰：「汝須食人食、穿人衣，非土木偶人！安可聽讒賊所阻！」命左右推出斬之。（摘自《三國演義》第五十一回：第七十九回：兄逼弟曹植賦詩，姪陷叔劉封伏法）

從這裡可以知道阿備有多雙標了，違反軍令狀的關羽沒事，沒立軍令狀的劉封卻被砍了。

那為何阿備會這麼雙標呢？筆者認為有以下幾個理由：

第一，關羽跟著自己的時間較久，且有偶遇「野生阿備」的經歷，算得上是忠心的老臣；至於劉封是阿備在荊州時收的義子，資歷遠比不上關羽，且願意跟隨當時頗有聲量的阿備也有「蹭聲量」之嫌。

第二，關羽是戰力強的前科犯，在亂世當中能有極好的發揮；反觀劉封是荊州當地望族之後，背景雖然乾淨，但在亂世之中能力遠不及關羽。

從以上兩點可以看出在關羽跟劉封的差異，更別提阿備親生的兒子劉禪出世後，阿備很可能就覺得「那個（養子）已經沒用了」，所以才會毫無顧慮地砍了劉封。

四一一　阿備為何在眾人簇擁之下還不直接取大位？

取代劉璋領導益州的阿備拿下漢中後，先自立爲漢中王，後來魏國曹丕自立爲大魏皇帝，且據傳漢獻帝已遇害，消息傳到成都，底下百官勸諫阿備稱帝，直取大位：

早有人到成都，報說曹丕自立爲大魏皇帝，於洛陽蓋造宮殿；且傳言漢帝已遇害。漢中王聞知，痛哭終日，下令百官挂孝，遙望設祭，上尊謚曰「孝愍皇帝」。玄德因此憂慮，致染成疾，不能理事，政務皆託與孔明。孔明與太傅許靖、光祿大夫譙周商議，言天下不可一日無君，欲尊漢中王爲帝。譙周曰：「近有祥風慶雲之瑞；成都西北角有黃氣數十丈沖霄而起，帝星見於畢、胃、昴之分，煌煌如月：此正應漢中王當即帝位，以繼漢統。更復何疑？」

於是孔明與許靖，引大小官僚上表，請漢中王即皇帝位。漢中王覽表，大驚曰：卿等欲陷孤爲不忠不義之人耶？」孔明奏曰：「非也：曹丕篡漢自立，主上乃漢室苗裔，理合繼統以延漢祀。」漢中王勃然變色曰：「孤豈效逆賊所爲！」拂袖而起，入於後宮。眾官皆散。

三日後，孔明又引眾官入朝，請漢中王出。眾皆拜伏於前。許靖奏曰：「今漢天子已被曹丕所弒，主上不即帝位，興師討逆，不得爲忠義也。今天下無不欲王上爲君，孝愍皇帝雪恨。若不從臣等所議，是失民望矣。」漢中王曰：「孤雖是景帝之孫，並未有德澤以布於民，今一且自立為帝，與篡竊何異？」孔明苦勸數次，漢中王堅執不從。孔明乃設一計，謂眾官曰：「如此如此。」於是孔明託病不出。

漢中王聞孔明病篤，親到府中，直入臥榻邊問曰：「軍師所感何疾？」孔明答曰：「憂心如焚，命不久矣。」漢中王曰：「軍師所憂何事？」連問數次，孔明只推病重，瞑目不答。漢中王再三請問。孔明喟然歎曰：「臣自出茅廬，得遇大王，相隨至今，言聽計從；今幸大王有兩川之地，不負臣夙昔之言。目今曹丕篡位，漢祀將斬，文武官僚，咸欲奉大王為帝，滅魏興劉，共圖功名；不想大王堅執不肯，眾官皆有怨心，不久必盡散矣。若文武皆散，吳、魏來攻，兩川難保，臣安得不憂乎？」漢中王曰：「吾非推阻，恐天下人議論耳。」孔明曰：「聖人云：『名不正，則言不順。今大王名正言順，有何可議？豈不聞『天與弗取，反受其咎』？」漢中王曰：「待軍師病可，行之未遲。」

孔明聽罷，從榻上躍然而起，將屏風一擊，外面文武眾官皆入，拜伏於地曰：「主上既允，便請擇日以行大禮。」漢中王視之，乃是太傅許靖、安漢將軍糜竺、青衣侯尚舉、陽泉侯劉豹、別駕趙祚、治中楊洪、議曹杜瓊、從事張爽、太常卿賴忠、光祿卿黃權、祭酒何曾、學士尹默、司業譙周、大司馬殷純、偏將軍張裔、少府王謀、昭文博士伊籍、從事郎秦宓等眾也。

漢中王驚曰：「陷孤於不義，皆卿等也。」孔明曰：「王上既允所請，便可築臺擇吉，恭行大禮。」即時送漢中王還宮，一面令博士許慈、諫議郎孟光掌禮，築臺於成都武擔之南。諸事齊備，多官整設鑾駕，迎請漢中王登壇致祭。譙周在壇上，高聲朗讀祭文曰：

「惟建安二十六年四月丙午朔，越十二日丁巳，皇帝備，敢昭告於皇天后土：漢有天下，歷數無疆。曩者，王莽篡盜，光武皇帝震怒致誅，社稷復存。今曹操阻兵殘忍，戮殺主后，罪惡滔天；操子丕，載肆凶逆，竊據神器。群下將士，以為漢祀墮廢，備宜延之，嗣武二祖，躬行天罰。備懼無德忝帝位，詢於庶民，外及遐荒君長，僉曰：天命不可以不答，祖業不可以久替，四海不可以無主。率土式望，在備一人。備畏天明命，又懼高光之業，將墜於地，謹擇吉日，登壇祭告，受皇帝璽綬，撫臨四方。惟神饗祚漢家，永綏歷服！」

讀罷祭文，孔明率眾官恭上玉璽。漢中王受了，捧於壇上，再三推讓曰：「備無才德，請擇有才德者受之。」孔明奏曰：「王上平定四海，功德昭於天下，況是大漢宗派，宜即正位。已祭告天神，復何讓焉？」文武各官，皆呼萬歲。拜舞禮畢，改元章武元年。（摘自《三國演義》第八十回：曹丕廢帝篡炎劉，漢王正位續大統）

但阿備在眾人的簇擁下，卻沒有立即取大位，而是等過了一段時間後，才宣布自己要取大位，這究竟是何故？

筆者認為原因有兩點：

第一是玉璽。從《三國演義》的描述看來，第一次沒取大位的時候並沒有提到玉璽，第二次取大位的時候才有，很可能是第一次諸葛亮沒帶玉璽錯過了良辰吉時，才讓阿備在最後一刻踩煞車拒絕登記成爲蜀漢皇帝。

第二則是因爲阿備務實。對於取大位一事，阿備在那邊一直拖著，想拖到最後幾秒再做決定，這樣就可以製造「自己沒有動，都是別人在動」的假象。

這樣的安排也的確奏效，在曹操死前，阿備一直酸他密謀篡漢，逢人必稱自己的志向是復興漢室——意思就是曹操一直在動，而自己沒在動。

諷刺的是，曹操至死都沒稱帝，反倒是阿備自己動得最厲害，先行稱帝，比起孫權都要來得早。

然而，後人還是把曹操視爲不忠不義的逆賊，阿備則是匡扶漢室的忠臣——從這個結果就可以知道阿備對於稱帝一事有多務實了。

四一二　陳侍中明明就沒錯，阿備到底是在氣什麼？

在關羽大意失荊州後，阿備爲報二弟身亡之仇，親自率兵討伐東吳，但就在出兵之前，底下的官員陳震曾提出建議：

言訖又哭。眾官曰：「二小將軍且退。容聖上將息龍體。」侍臣奏曰：「陛下年過六旬，不宜過於哀痛。」先主曰：「二弟俱亡，朕安忍獨生！」言訖，以頭頓地而哭。多官商議曰：「今天子如此煩惱，將何解勸？」馬良曰：「主上親統大兵伐吳，終日號泣，於軍不利。」陳震曰：「吾聞成都青城山之西，有一隱者：姓李，名意。世人傳說此老已三百餘歲，能知人之生死吉凶，乃當世之神仙也。何不奏知天子，召此老來，問他吉凶？勝如吾等之言。」遂入奏先主。先主從之，即遣陳震齎詔，往青城山宣召。

震星夜到了青城，令鄉人引入山谷深處，遙望仙莊，清雲隱隱，瑞氣非凡。忽見一小童來迎曰：「來者莫非陳孝起乎？」震大驚曰：「仙童如何知我姓字？」童子曰：「吾師昨夜有言：「今日必有皇帝詔命至；使者必是陳孝起。」震曰：「眞神仙也！人言信不誣矣！」遂與小童同入仙莊，拜見李意，宣天子詔命。李意推老不行。震曰：「天子急欲見仙翁一面，幸勿吝鶴駕。」

再三敦請，李意方行，既至御營，入見先主。先主見李意鶴髮童顏，碧眼方瞳，灼灼有光，身如古柏之狀，知是異人，優禮相待。李意曰：「老夫乃荒山村叟，無學無識。辱陛下宣召，不佑有何見諭？」先主曰：「朕與關、張二弟結生死之交，三十餘年矣。今二弟被害，親統大軍報讎，未知休咎如何。久聞仙翁通曉玄機，望乞賜教。」李意曰：「此乃天數，非老夫所知也。」

先主再三求問，意乃索畫兵馬器械四十餘張，畫畢便一一扯碎。又畫一大人仰臥於地上，傍邊一人掘土埋之，上寫一大「白」字，遂稽首而去。先主不悅，謂群臣曰：「此狂叟也！不足爲信！」即以火焚之，便催軍前進。（摘自《三國演義》第八十一回：急兄讎張飛遇害，雪弟恨先主興兵）

在解析上面這段前，得先說說陳震這個人。由於諸葛亮在北伐之前曾任命陳震爲侍中（註一），以下段落筆者就尊稱陳震爲「陳侍中」。

根據《三國志》記載，陳侍中爲人正直純樸，個性老成持重。

董和蹈羔羊之素，劉巴履清尙之節，馬良貞實，稱爲令士，陳震忠恪，老而益篤，董允匡主，義形於色，皆蜀臣之良矣。（摘自《三國志》蜀書）

而陳侍中在看人方面也相當有一套，曾對諸葛亮說「正方腹中有鱗甲，鄉黨以為不可近」（摘自《三國志》蜀書），陳侍中話中的「正方」是李嚴的字，他認為李嚴心術不正，恐生事端；諸葛亮雖然理解陳侍中的話，卻依舊重用李嚴。

某次諸葛亮北伐就是因負責運糧的李嚴發生失誤，還傳假訊息卸責，導致北伐受阻，後來諸葛亮亦後悔自己當初沒有把陳侍中的建議聽進去。

說到看人，阿備也很有一套，就著名的事蹟就是看出諸葛亮的幕僚馬謖難當大任。

先主扯定大哭。忽然驚覺：二弟不見。即喚從人問之，時正三更。先主歎曰：「朕不久於人世矣！」遂遣使往成都，請丞相諸葛亮、尚書令李嚴等，星夜來永安宮，聽受遺命。孔明等與先主次子魯王劉永、梁王劉理，來永安宮見帝，留太子劉禪守成都。且說孔明到永安宮，見先主病危，慌忙拜伏於龍榻之下。先主傳旨，請孔明坐於龍榻之側，撫其背曰：「朕自得丞相，幸成帝業；何期智識淺陋，不納丞相之言，自取其敗。悔恨成疾，死在旦夕。嗣子孱弱，不得不以大事相託。」言訖，淚流滿面。孔明亦涕泣曰：「願陛下善保龍體，以副天下之望！」

先主以目遍視，只見馬良之弟馬謖在傍，先主令且退。謖退出，先主謂孔明曰：「丞相觀馬謖之才何如？」孔明曰：「此人亦當世之英才也。」先主曰：「不然。朕觀此人，言過其實，不可大用。丞相宜深察之。」（摘自《三國演義》第八十五回：劉先主遺詔託孤兒，諸葛亮安

居平五路）

果然，馬謖後來造就了大家耳熟能詳的「失街亭」事件，間接毀了諸葛亮的北伐大計，還讓諸葛亮感嘆阿備的識人之明。

孔明喝退，又喚馬謖入帳，謖自縛跪於帳前。孔明變色曰：「汝自幼飽讀兵書，熟諳戰法。吾累次叮嚀告戒街亭是吾根本，汝以全家之命，領此重任。汝若早聽王平之言，豈有此禍？今敗軍折將，失地陷城，皆汝之過也！若不明正軍律，何以服眾？汝今犯法，休得怨吾。汝死之後，汝之家小，吾按月給與祿米，汝不必挂心。」叱左右推出斬之。謖泣曰：「丞相視某如子，某以丞相爲父。某之死罪，實已難逃，願丞相思舜帝殛鯀用禹之義，某雖死亦無恨於九泉！」言訖大哭。孔明揮淚曰：「吾與汝義同兄弟，汝之子即吾之子也，不必多囑。」

左右推出馬謖於轅門之外，將斬。參軍蔣琬自成都至，見武士欲斬馬謖，大驚，高叫留人，入見孔明曰：「昔楚殺得臣而文公喜。今天下未定，而戮智謀之士，豈不可惜乎？」孔明流涕而答曰：「昔孫武所以能制勝於天下者，用法明也。今四方分爭，兵交方始，若須廢法，何以討賊耶？合當斬之。」

須臾，武士獻馬謖首級於階下。孔明大哭不已。蔣琬問曰：「今幼常得罪，既正軍法，丞相何故哭耶？」孔明曰：「吾非爲馬謖哭。吾思先帝在白帝城臨危之時曾囑吾曰：『馬謖言過其實，不可大用。』今果應此言，乃深恨己之不明，追思先帝之明，因此痛哭耳！」大小將士，無不流涕。馬謖亡年三十九歲。（摘自《三國演義》第九十六回：孔明揮淚斬馬謖，周魴斷髮賺曹休）

同樣都是看人，筆者認爲陳侍中比阿備還強，因爲馬謖的失敗也許是對手張郃太強，但李嚴運糧卻只要自己努力認眞就能做到。對於性格的觀察，陳侍中明顯勝出。

然而，陳侍中在夷陵之戰前曾給出的建議，卻惹得阿備不悅，似乎認爲陳侍中是在搞他，阿備究竟在氣甚麼？

筆者認爲阿備大概是認爲領導是自己的專業，哪需要沒他強的陳侍中來指指點點。沒想到後來阿備竟然因爲自己的疏失，造成那麼大的破口，釀成那麼多人的死傷——只能說阿備當時若是能夠「順侍中」，不要「逆侍中」，或許就不會發生那起悲劇了。

註一：

後主覽表曰：「相父南征，遠涉艱難；方始回都，坐未安席；今又欲北伐，恐勞神思。」孔明曰：「臣受先帝託孤之重，夙夜未嘗有怠。今南方已平，可無內顧之憂；不就此時討賊，恢復中原，更待何日？」忽班部中太史譙周出奏曰：「臣夜觀天象，北方旺氣正盛，星曜倍明，未可圖也。」乃謂孔明曰：「丞相深明天文，又何故強爲？」孔明曰：「天道變易不常，豈可拘執？吾今且駐兵馬於漢中，觀其動靜而後行。」譙周苦諫不從。於是孔明乃留郭攸之、董允、費禕等爲侍中，總攝宮中之事。又留向寵爲大將，總督御林軍馬；陳震爲侍中；蔣琬爲參軍，張裔爲長史，掌丞相府事；杜瓊爲諫議大夫；杜微、楊洪爲尚書；孟光、來敏，爲祭酒；尹默、李譔爲博士；郤正、費詩爲祕書；譙周爲太史。內外文武官僚一百餘員，同理蜀中之事。（摘自《三國演義》第九十一回：祭瀘水漢相班師，伐中原武侯上表）

四一三 因為黃姍姍來遲加入阿備陣營才不受重用？

阿備為報二弟關羽大意失荊州的仇，決定傾全國之力討伐過往盟友東吳，但戰事開打沒多久，阿備卻不慎失言說那些老將沒有用了，導致征戰無數、經驗豐富的老將黃忠心生不滿，決定自動上陣殺敵。

卻說先主從巫峽，建平起，直接彝陵界分，七十餘里，連結四十餘寨；見關興，張苞，屢立大功，歎曰：「昔日從朕諸將，皆老邁無用矣；復有二姪如此英雄，朕何慮孫權乎！」正言間，忽報韓當，周泰領兵到來。先主方欲遣將迎敵，近臣奏曰：「老將黃忠，引五六人投東吳去了。」先主笑曰：「黃漢升非反叛之人也；因朕失口誤言老者無用，彼必不服老，故奮力去相持矣。」即召關興、張苞曰：「黃漢升此去必然有失。賢姪休辭勞苦，可去相助。略有微功。便可令回，勿使有失。」二小將拜辭先生，引本部軍來助黃忠。（摘自《三國演義》第八十二回：孫權降魏受九錫，先主征吳賞六軍）

怪了，黃好歹也有戰功，阿備怎麼會不希望經驗豐富的黃打這場戰役呢？如果阿備不看重黃，那為何又要把黃與關張趙馬四人並列五虎上將呢？

筆者認爲主因在於黃姍姍來遲地加入阿備陣營，資歷不深，才會不得阿備的信任，畢竟阿備用人唯親，私相授受，像是關羽就是一例，在華容道縱放曹操，但阿備還是無視軍令狀，讓關羽免於一死，只因爲關羽跟阿備有交情。

反觀黃之前是別人的部下，加入阿備陣營之後，雖列居高位，但對阿備來說，稱不上完全信任，所以才不願在關係自己未來的重大戰役裡派黃上陣。

然而，礙於現今情勢與個人聲望，黃似乎又是阿備能派出最好的一個人選，於是阿備才會心不甘情不願地派黃上陣。

四一四　阿備陣營為何會辱罵敵對陣營的人是畜生？

阿備陣營的人向來很喜歡辱罵敵對陣營的人，甚至還用上了畜生的字眼，即便這人過往與他們是盟友——比方說阿備手下的大將關羽，就曾經有辱罵東吳畜生的紀錄。

孫權覽書畢，設筵相待滿寵，送歸館舍安歇。權與眾謀士商議。顧雍曰：「雖是說詞，其中有理。今可一面送滿寵回，約會曹操，首尾相擊；一面使人過江探雲長動靜，方可行事。」諸葛瑾曰：「某聞雲長自到荊州，劉備娶與妻室，先生一子，次生一女。其女尚幼，未許字人。某願往與主公世子求婚。若雲長肯許，即與雲長計議共破曹操；若雲長不肯，然後助曹取荊州。」

孫權用其謀，先送滿寵回許都；卻遣諸葛瑾為使，投荊州來。入城見雲長禮畢。雲長曰：「子瑜此來何意？」瑾曰：「特來求結兩家之好。吾主吳侯有一子，甚聰明。聞將軍有一女，來求親。兩家結好，併力破曹。此誠美事，請君侯思之。」雲長勃然大怒曰：「吾虎女安肯犬子乎！不看汝弟之面，力斬汝首！再休多言！」遂喚左右逐出。（摘自《三國演義》第七十三回：玄德進位漢中王，雲長攻拔襄陽郡）

面對盟友的聯姻提議，關羽不答應就算了，還要辱罵對方爲畜生，根本無禮至極，但怪的是，關羽也稱得上高知識分子了（參照關羽夜讀春秋），爲何這種高知識分子還會口出穢言，辱罵他人是畜生？

筆者認爲關羽很可能是受到阿備的影響，畢竟阿備就有多次辱罵對手是畜生的紀錄：

韓當、周泰聽知先主御駕來征，引兵出迎。兩陣對圓，韓當、周泰出馬，只見蜀營門旗處，先主自出，黃羅銷金傘蓋，左右白旄黃鉞，金銀旌節，前後圍繞。當大叫曰：「陛下今爲蜀主，何自輕出？倘有舒虞，悔之何及！」先主遙指罵曰：「汝等吳狗，傷朕手足，誓不與立於天地之間！」當回顧眾將曰：「誰敢衝突蜀兵？」（摘自《三國演義》第八十三回：戰猇亭先主得讎人，守江口書生拜大將）

言訖，令關興在御營中，設關公靈位。先主親捧馬忠首級，詣前祭祀。又令關興將糜芳、傅士仁剝去衣服，跪於靈前，親自用刀剮之，以祭關公。忽張苞上帳哭拜於前曰：「二伯父讎人皆已誅戮；臣父冤讎，何日可報？」先主曰：「賢姪勿憂。朕當削平江南，殺盡吳狗，務擒二賊，與汝親自醢之，以祭汝父。」苞泣謝而退。（摘自《三國演義》第八十三回：戰猇亭先主得讎人，守江口書生拜大將）

阿備屢屢用畜生辱罵敵對陣營，底下的部屬也有樣學樣。

卻說傅彤斷後，被吳軍八面圍住。丁奉大叫曰：「川兵死者無數，降者極多。汝主劉備已被擒獲。今汝力窮勢孤，何不早降？」傅彤叱曰：「吾乃漢將，安肯降吳狗乎！」挺鎗縱馬，率蜀軍奮力死戰；不下百餘合，往來衝突，不能得脫。彤長歎曰：「吾今休矣！」言訖，口中吐血，死於吳軍之中。（摘自《三國演義》第八十四回：陸遜營燒七百里，孔明巧布八陣圖）

說到底，阿備陣營會三不五時辱罵對手是畜生，全都因爲領導人口不擇言，底下的人才會群起效尤。只能說上行下效，上梁不正下梁歪啊！

四一五　阿備陣營的士氣高漲全因對手「他盧班」？

在阿備御駕親征討伐東吳的初期，蜀漢軍連戰皆捷，而東吳軍卻聞風喪膽，屢屢敗退。

卻說蜀將吳班領先鋒之印，自出川以來，所到之處，望風而降；兵不血刃，直到宜都……（摘自《三國演義》第八十二回：孫權降魏受九錫，先主征吳賞六軍）

蜀漢軍能在開戰初期獲得重大勝利，先鋒吳班功不可沒。根據稗官野史的傳聞，那時有當地居民好奇，爲何原先鎭守此地的東吳軍會不戰而降？結果有位見多識廣的長者出面釋疑，他只淡淡地說了一句「他盧班」——亦即領兵的那位東吳守將顧慮蜀將吳班的勇猛，才會決定棄械投降，不做任何抵抗。

沒想到這句「他盧班」卻瞬間在荊州民間流傳開來，後來還傳回蜀國成都，當時成都有一名販賣衣物的商人，當地人稱其爲「成衣業者」，這位「成衣業者」聽聞「他盧班」一詞，靈光一閃，作詞譜曲寫出「他盧班之歌」。筆者根據自己蒐集到的鄉野傳聞片段，還原「他盧班之歌」如下：

他處班，他處班
吳狗戰力有夠爛
大家都在嘲笑吳狗他處班
吳狗吳狗他處班

由於歌詞中的「他處班」太過洗腦，據傳阿備陣營甚至將「他處班」作為東吳士兵的代稱。如果不是後來夷陵之戰阿備陣營大敗，也許這首「他處班之歌」就不會只存在於稗官野史，而是記載在史冊，成爲後世家喻戶曉、朗朗上口的流行歌謠。

四一六　經驗豐富的阿備為何會造成這麼大的破口？

夷陵之戰進入中段，東吳新任都督陸遜絲毫不理會蜀軍的挑釁，堅守城池不出戰，因此雙方展開對峙持久戰。由於天氣炎熱，阿備決定將軍隊駐紮在山林茂密之處，連營七百里。

卻說先主於猇亭盡驅水軍，順流而下，沿江屯箚水寨，深入吳境。黃權諫曰：「水軍沿江而下，進則易，退則難。臣願爲前驅。陛下宜在後陣，庶萬無一失。」先主曰：「吳賊膽落，朕長驅大進，有何礙乎？」眾官苦諫，先主不從，遂分兵兩路：命黃權督江北之兵，以防魏寇；先主自督江南諸軍，夾江分立營寨，以圖進取。細作探知，連夜報知魏主，言蜀兵伐吳，樹柵連營，縱橫七百餘里，分四十餘屯，皆傍山林下寨；今黃權督兵在江北岸，每日出哨百餘里，不知何意。

魏主聞之，仰面笑曰：「劉備將敗矣。」群臣請問其故。魏主曰：「劉玄德不曉兵法：豈有連營七百里，而可以拒敵者乎？包原隰險阻屯兵者，此兵法之大忌也。玄德必敗於東吳陸遜之手。旬日之內，消息必至矣。」群臣猶未信，皆請撥兵備之。魏主曰：「陸遜若勝，必盡舉東吳兵去取西川；吳兵遠去，國中空虛，朕虛託以兵助戰，令三路一齊進兵，東吳唾手可取也。」

（中略）

不說魏兵襲吳。且說馬良至川，入見孔明，呈上圖本而言曰：「今移營夾江橫占七百里，下四十餘屯，皆依溪傍澗，林木茂盛之處。主上令良將圖本來與丞相觀之。」孔明看訖，拍案叫苦曰：「是何人教主上如此下寨？可斬此人！」馬良曰：「皆主上自爲，非他人之謀。」孔明歎曰：「漢朝氣數休矣！」（摘自《三國演義》第八十四回：陸遜營燒七百里，孔明巧布八陣圖）

然而，如此做法卻讓魏主曹丕和自家軍師諸葛亮難以置信，因爲在林木茂盛處下寨乃兵家大忌。怪的是，阿備是戰場老手，一生征戰無數，爲何經驗豐富的阿備會做出如此荒謬的決定，造成這麼大的破口呢？

筆者認爲這是阿備在下好大一盤棋，阿備在叢林陰涼處紮營，表面上是爲了避暑，實際上是爲了進行「冷區殲滅」的戰術——誘使敵軍深入冷區，並以優勢兵力將其殲滅——此計堪稱絕妙的一手！

只可惜阿備精心設計的「冷區殲滅」戰術被陸遜識破，樹林裡的軍隊反被大火燒到只剩4％，可憐啊！

四一七　為何阿備會在這個緊要關頭拒絕別人幫忙？

夷陵之戰期間，由於東吳堅守城池不出戰，且時間進入夏季，天氣變得炎熱，阿備爲了避暑，同時執行「冷區殲滅」戰術，將軍隊移置林木茂盛處，此時部屬馬良提出建議。

先主遂命各營，皆移於山林茂盛之地，近溪傍澗；待過夏到秋，併力進兵。馮習遂奉旨，將諸寨皆移於林木陰密之處。馬良奏曰：「吾軍若動，倘吳兵驟至，如之奈何？」先主曰：「朕今吳班引萬餘弱兵，近吳寨平地屯住；朕親選八千精兵，伏於山谷之中。若陸遜知朕移營，必乘勢來擊，卻令吳班詐敗；遜若追來，朕引兵突出，斷其歸路，小子可擒矣。」

文武皆賀曰：「陛下神機妙算，諸臣不及也！」馬良曰：「近聞諸葛丞相在東川點看各處隘口，恐魏兵入寇。陛下何不將各營移居之地，畫成圖本，問於丞相？」先主曰：「朕亦頗知兵法，何必又問丞相？」良曰：「古云：『兼聽則明，偏聽則蔽。』望陛下察之。」先主曰：「卿可自去各營，畫成四至八道圖本，親到東川去問丞相。如有不便，可急來報知。」（摘自《三國演義》第八十三回：戰猇亭先主得讎人，守江口書生拜大將）

馬良建議阿備，爲求謹慎，可以將各個軍營駐紮的位置畫成圖本，給人在東川的諸葛亮過目。

一開始阿備拒絕，認爲自己的專業不輸給「必勝」的諸葛亮，根本沒必要求助，後來才不情願改口答應——爲何阿備會在這個緊要關頭拒絕別人幫忙？

筆者認爲阿備做爲一個領導人，心中有著極爲高傲的自尊，至少在他的專業打仗這方面，阿備是充滿自信的，從他那句「朕亦頗知兵法，何必又問丞相？」就可以知道。

倘若阿備自己主動去請教諸葛亮，後來又打了勝仗，底下的軍士一定會認爲這場勝仗都是諸葛亮的功勞，這樣阿備很可能會埋怨「每個指令都我下的，他有什麼貢獻？」所以才會在這個緊要關頭抗拒別人的協助。

四一八 為何阿備陣營的戰力在八卦裡會大幅提升？

夷陵之戰的末段，陸遜用火攻將阿備的連營七百里軍士燒到只剩4%左右；阿備見大勢已去，只能連忙撤軍。陸遜在追擊蜀漢敗軍的時候，卻發生了一件相當奇怪的現象。

卻說陸遜大獲全功，引得勝之兵，往西追襲。前離夔關不遠，遜在馬上看見前面臨山傍江，一陣殺氣，沖天而起；遂勒馬回顧眾將曰：「前面必有埋伏，三軍不可輕進。」即倒退十餘里，於地勢空闊處，排成陣勢，以禦敵軍；即差哨馬前去探視。回報並無軍屯在此，遜不信，下馬登山望之，殺氣復起。遜再令人仔細探視，哨馬回報，前面並無一人一騎。遜見日將西沉，殺氣越加，心中猶豫，令心腹人再往探看。回報江邊止有亂石八九十堆，並無人馬。遜大疑，令著土人問之名。須臾，有數人到。遜問曰：「何人將亂石作堆？如何亂石堆中有殺氣沖起？」土人曰：「此處地名魚腹浦。諸葛亮入川之時，驅兵到此，取石排成陣勢於沙灘之上；自此常常有氣如雲，從內而起。」

陸遜聽罷，上馬引數十騎來看石陣；立馬於山坡之上，但見四面八方，皆有門有戶。遜笑曰：「此乃惑人之術耳，有何益焉！」遂引數騎下山坡來，直入石陣觀看。部將曰：「日暮矣，請都督早回。」遜方欲出陣，忽然狂風大作。一霎時，飛沙走石，遮天蓋地。但見怪石嵯峨，槎枒似劍；橫沙立土，重疊如山；江聲浪湧，有如劍鼓之聲。遜大驚：「吾中諸葛之計也！」急欲回時，無路可出。

正驚疑間，忽見一老人立於馬前笑曰：「將軍欲出此陣乎？」遜曰：「願長者引出。」老人策杖徐徐而行，逕出石陣，並無所礙，送至山坡之上。遜問曰：「長者何人？」老人答曰：「老夫乃諸葛孔明之岳父黃承彥也。昔小婿入川之時，於此布下石陣，名『八陣圖』。反復八門，按遁甲休、生、傷、杜、景、死、驚、開。每日每時，變化無端，可比十萬精兵。臨去之時，曾分付老夫道：『後有東吳大將迷於陣中，莫要引他出來。』老夫適於山巖之上，見將軍從死門而入，料想不識此陣，必爲所迷。老夫平生好善，不忍將軍陷沒於此，故特自生門引出也。」遜曰：「公曾學此陣法否？」黃承彥曰：「變化無窮，不能學也。」遜慌忙下馬拜謝而回。（摘自《三國演義》第八十四回：陸遜營燒七百里，孔明巧布八陣圖）

八陣圖，也就是八卦陣，由諸葛亮所安排布置，當時陸遜帶領部隊追擊阿備敗軍殘將，不慎誤入八卦陣；怪的是，明明哨馬反覆查探回報確認裡頭沒有人，但一進到八卦陣，陸遜帶領的軍隊卻感受到強烈的殺氣，彷彿在八卦陣當中，僅剩4%戰力的是東吳軍，與現實情況恰好相反顛倒。

爲何會出現如此奇怪的現象？筆者無法給出柯學的解釋，只能說「阿備陣營的戰力只有在八卦才得以發揮」一事是千古難解之謎啊。

四一九　阿備陣營聲勢浩大主要是靠外部勢力加持？

據傳在夷陵之戰當中，阿備發動七十多萬大軍討伐東吳，聲勢相當浩大。其中除了阿備自己陣營的部隊，還包含了蜀國外部勢力「五谿蠻」的軍力。

先主看畢，擲表於地曰：「朕意已決，無得再諫！」遂命丞相諸葛亮保太子守兩川；驃騎將軍馬超并弟馬岱，助鎮北將軍魏延守漢中，以當魏兵；虎威將軍趙雲爲後應，兼督糧草；黃權、程畿爲參謀；馬良、陳震掌理文書；黃忠爲前部先鋒；馮習、張南爲副將；傅彤、張翼爲中軍護尉；趙融、廖淳爲合後。川將數百員，并五谿番將等，共兵七十五萬。擇定章武元年七月丙寅日出師。（摘自《三國演義》第八十一回：急兄讎張飛遇害，雪弟恨先主興兵）

卻說孫權受了封爵，眾文武官僚，拜賀已畢，命收拾美玉明珠等物，遣人齎進謝恩。早有細作報說：「蜀主引本國大兵，及蠻王沙摩柯番兵數萬，又有洞溪漢將杜路劉寧二枝兵，水陸並進，聲勢震天。水路軍已出巫口，旱路軍已到秭歸。」（摘自《三國演義》第八十二回：孫權降魏受九錫，先主征吳賞六軍）

上述第二段的蠻王沙摩柯就是第一段的「五谿番將」，也就是「五谿蠻」，即便吳國細作稱「蠻王沙摩柯番兵數萬」，但筆者認為情報可能有誤，五谿蠻兵的數量應該占阿備陣營的多數。

筆者是這麼推斷的，阿備後來將軍隊移駐到林木茂密處，並連營七百里，卻不慎被東吳軍用火攻，燒到只剩4％，無力反擊，黯然吞敗。

然而，仔細想想這樣的結果並不合理，畢竟一處火勢升起，其他營寨必定會有所警覺，就算火燒了兩百里，沒道理剩餘五百里的軍隊會乖乖地站在原地等火燒過來。

即便損失了兩百里的軍營士兵，也還有剩五百里軍營的士兵可以打仗；七十多萬的軍隊，依比例來算，未被火勢波及的軍營也尚存四、五十萬大軍，沒道理阿備陣營在火攻之後就潰不成軍啊？

唯一合理的解釋是七十多萬軍隊當中的大多數都是外部勢力，也就是「五谿蠻」，這批外部勢力軍隊對阿備並沒有忠誠度，他們在看到大火之後隨即倉皇散去，只留下少數忠於阿備的義勇軍在戰場上拚搏，也因此才會寡不敵眾、吞下敗仗。

順道一提，據傳有東吳軍士將「五谿蠻」簡稱為「五蠻」，由於口音的緣故，某地方方言的「五蠻」又音近「五毛」，因此也有「阿備陣營聲勢浩大的緣故主要是靠五毛」的鄉野傳說。

四二〇　為何後期的阿備會有這麼多部屬棄職潛逃？

阿備從一開始在政壇闖蕩，即便沒有多少資源，沒有根據地，身旁還有幾位不離不棄的部屬，像是關羽、張飛；然而，等到阿備有了根據地之後，卻屢屢出現數起棄職潛逃的案例，一一盤點如下：

一、徐庶

徐庶覽畢，淚如泉湧，持書來見玄德曰：「某本潁川徐庶，字元直；爲因逃難，更名單福。前聞劉景升招賢納士，特往見之。及與論事，方知是無用之人；作書別之，夤夜至司馬水鏡莊上，訴說其事。水鏡深責庶不識主，因說：劉豫州在此，何不事之？庶故作狂歌於市，以動使君。幸蒙不棄，即賜重用。爭奈老母，今被曹操奸計，賺至許昌囚禁，將欲加害。老母手書來喚，庶不容不去。非不欲效犬馬之勞，以報使君；奈慈親被執，不得盡力。今當告歸，容圖後會。」（摘自《三國演義》第三十六回：玄德用計襲樊城，元直走馬薦諸葛）

阿備在荊州新野駐軍的時候，得到了徐庶這名軍師，據曹操的軍師程昱所言，徐庶這人有殺人前科（阿備眞的很愛用前科犯），卻又事母至孝。曹操爲了得到徐庶，故令程昱僞造徐母筆跡將其誘騙到許昌，也因此徐庶不得不離開阿備陣營。

當然，徐庶離職的原因是個人家庭因素，這不算棄職潛逃，不過也可以作為阿備陣營留不住人才的一個案例。

二、麋芳、傅士仁

卻說麋芳聞荊州已失，正無計可施。忽報公安守將傅士仁至，芳忙接入城，問其事故。士仁曰：「吾非不忠，勢危力困，不能支持。我今已降東吳，將軍亦不如早降。」芳曰：「吾等受漢中王厚恩，安忍背之？」士仁曰：「關公去日，痛恨吾二人；倘一日得勝而回，必無輕恕。公細察之。」芳曰：「吾兄弟久事漢中王，豈可一朝相背？」正猶豫間，忽報關公遣使至，接入廳上。使者曰：「關公軍中缺糧，特來南郡、公安二處取白米十萬石，令二將軍星夜去解軍前交割。如遲立斬。」芳大驚，顧謂傅士仁曰：「今荊州已被東吳所取，此糧怎得過去？」士仁厲聲曰：「不必多疑！」遂拔劍斬來使於堂上。芳驚曰：「公如何？」士仁曰：「關公此意，正要斬我二人。我等安可束手受死？公今不早降東吳，必被關公所殺。」

正說間，忽報呂蒙引兵殺至城下。芳大驚，乃同傅士仁出城投降。蒙大喜，引見孫權。權重賞二人。安民已畢，大犒三軍。（摘自《三國演義》第七十六回：徐公明大戰沔水，關雲長敗走麥城）

在阿備晉升漢中王之後，關羽銜命出兵攻打樊城，之後連戰皆捷，水淹七軍，生擒曹魏大將于禁，一時之間威震華夏；但盟友東吳卻在此時襲擊荊州，荊州守將傅士仁、麋芳先後投降。

其中麋芳跟隨阿備許久，還是阿備之子劉禪的舅舅，卻也離開阿備陣營，投效敵軍，原因就是阿備的親信關羽屢屢對其「職場霸凌」，讓麋芳無法繼續忍受，於是就在傅士仁的慫恿下投降東吳。

三、孟達

超辭了彭羕，即將人與書解見漢中王，細言其事。玄德大怒，即令擒彭羕下獄，拷問其情。羕在獄中，悔之無及。玄德問孔明曰：「彭羕有謀反之意，當何以治之？」孔明曰：「羕雖狂士，然留之久必生禍。」於是玄德賜彭羕死於獄。

彭羕既死，有人報知孟達。達大驚，舉止失錯。忽使命至，調劉封回守綿竹去訖。孟達慌請上庸、房陵都尉申耽、申儀弟兄二人商議曰：「我與法孝直同有功於漢中王；今孝直已死，而漢中王忘我前功，乃欲見害，爲之奈何？」耽曰：「某有一計，使漢中王不能加害於公。」

達大喜，急問何計。耽曰：「吾弟兄欲投魏久矣；公可作一表，辭了漢中王，投魏王曹丕，丕必重用。吾二人亦隨後來降也。」達猛然省悟，即寫表一通，付與來使；當晚引五十餘騎投魏去了。（摘自《三國演義》第七十九回：兄逼弟曹植賦詩，姪陷叔劉封伏法）

在關羽遭曹孫兩軍夾擊、受困麥城的危急時刻，上庸守將孟達拒絕出兵救援，導致關羽戰敗被俘，最終身亡。後來孟達擔心被阿備究責，也知道自己往後在蜀漢「沒得撈」，於是棄職潛逃。

四、范疆、張達

說張飛回到閬中，下令軍中：限三日內製白旗白甲，三軍挂孝伐吳，次日，帳下兩員末將，范疆、張達入帳告曰：「白旗白甲，一時無措，須寬限方可。」飛大怒曰：「吾急欲報讎，恨不明日便到逆賊之境。汝安敢違我將令！」叱武士縛於樹上，各鞭背五十。鞭畢，以手指之曰：「來日俱要完備！若違了限，即殺汝二人示眾！」打得二人滿口出血，回到營中商議。

范疆曰：「今日受了刑責，明日如何辦得？其人性暴如火。倘來日不完，你我皆被殺矣！」張達曰：「比如他殺我，不如我殺他。」疆曰：「怎奈不得近前。」達曰：「我兩個若不當死，則他醉於床上；若是當死，則他不醉。」二人商議停當。

卻說張飛在帳中，神思皆亂，動止恍惚，乃問部將曰：「吾今心驚肉顫，坐臥不安，此何意也？」部將答曰：「此是君侯思念關公，以致如此。」

飛令人將酒來與部將同飲，不覺大醉，臥於帳中。范、張兩賊，探知消息，初更時分，各藏短刀，密入帳中，詐言欲稟機密重事，直至床前。原來張飛每睡不合眼。當夜寢於帳中，二賊見他鬚豎目張，本不敢動手；因聞鼻息如雷，方敢近前，以短刀刺入飛腹。飛大叫一聲而亡。時年五十五歲。後人有詩歎曰：安喜曾聞鞭督郵，黃巾掃盡佐炎劉。虎牢關上聲先震，長板橋邊水逆流。義釋嚴顏安蜀境，智欺張郃定中州。伐吳未克身先死，秋草長遺閬地愁！

卻說二賊當夜割了張飛首級，便引數十人連夜投東吳去了。（摘自《三國演義》第八十一回：急兄讎張飛遇害，雪弟恨先主興兵）

在荊州陷落、關羽遇害之後，三弟張飛急欲報仇雪恨，又因喝酒導致性情愈發暴躁，就對無法準時完成任務的部屬范疆張達進行「職場霸凌」，說得更難聽些，就是把部下當狗來教訓，也難怪兩人會棄職潛逃。

五、黃權

卻說章武二年夏六月，東吳陸遜，大破蜀兵於猇亭彝陵之地；先主奔回白帝城，趙雲引兵據守。忽馬良至，見大軍已敗，懊悔不及，將孔明之言，奏知先主。先主歎曰：「朕早聽丞相之言，不致今日之敗！今有何面目復回成都見群臣乎！」遂傳旨就白帝城駐紮，將館驛改為永安宮。人報馮習、張南、傅彤、程畿、沙摩柯等皆歿於王事，先主傷感不已。又近臣奏稱：「黃權引江北之兵，降魏去了。陛下可將彼家屬送有司問罪。」先主曰：「黃權被吳兵隔斷在江北岸，欲歸無路，不得已降魏：是朕負權，非權負朕也。何必罪其家屬？」仍給祿米以養之。（摘自《三國演義》第八十五回：劉先主遺詔託孤兒，諸葛亮安居平五路）

夷陵之戰蜀軍因為阿備的決策錯誤導致大敗後，連忙撤退，但被吳軍阻斷在長江北岸的蜀軍卻無法撤退，領軍的黃權只好棄職潛逃，投降魏國。

從以上的案例看來，我們可以知道阿備陣營眞的很容易出現棄職潛逃的情況，大多數的情形是因爲蜀國的職場霸凌嚴重，阿備的親信義勇軍仗恃著跟阿備的關係，不停欺凌底下的部屬，才會讓部屬有不如歸去的無力感；而少部分案例則是阿備自己的決策失誤，導致部屬心灰意冷，決定掛冠求去。

不管棄職潛逃的情形是哪一種，阿備陣營的人才流失都是事實，這也造成了阿備陣營可以預見的衰敗未來。

四二一　阿備預言命中是真的有料？還是胡亂瞎猜？

說到預言，《三國演義》當中除了作出神諭、近乎神仙的奇人異士（比如說：預測出阿備伐吳必敗的李意），以及根據現實情報提出推斷預測的聰明謀士之外，阿備也曾做出正確預言。

阿備最有名的預言就是在死前看出馬謖難當大任，並要諸葛亮不可重用他。

先主扯定大哭。忽然驚覺：二弟不見。即喚從人問之，時正三更。先主歎曰：「朕不久於人世矣！」遂遣使往成都，請丞相諸葛亮、尙書令李嚴等，星夜來永安宮，聽受遺命。孔明等與先主次子魯王劉永、梁王劉理，來永安宮見帝，留太子劉禪守成都。且說孔明到永安宮，見先主病危，慌忙拜伏於龍榻之下。先主傳旨，請孔明坐於龍榻之側，撫其背曰：「朕自得丞相，幸成帝業；何期智識淺陋，不納丞相之言，自取其敗。悔恨成疾，死在旦夕。」嗣子孱弱，不得不以大事相託。」言訖，淚流滿面。孔明亦涕泣曰：「願陛下善保龍體，以副天下之望！」

先主以目遍視，只見馬良之弟馬謖在傍，先主令且退。謖退出，先主謂孔明曰：「丞相觀馬謖之才何如？」孔明曰：「此人亦當世之英才也。」先主曰：「不然。朕觀此人，言過其實，

不可大用。丞相宜深察之。」（摘自《三國演義》第八十五回：劉先主遺詔託孤兒，諸葛亮安居平五路）

後來果眞如阿備的預言那樣，馬謖拒諫失街亭，壞了諸葛亮的北伐大業——這麼看來，阿備的預言是不是眞的很準？

其實，阿備的預言不止這件事，阿備曾在跟曹操煮酒論英雄的時候也曾做過一些預言。

酒至半酣，忽陰雲漠漠，驟雨將至。從人遙指天外龍挂，操與玄德憑欄觀之。操曰：「使君知龍之變化否？」玄德曰：「未知其詳。」操曰：「龍能大能小，能升能隱；大則興雲吐霧，小則隱介藏形；升則飛騰於宇宙之間，隱則潛伏於波濤之內。方今春深，龍乘時變化，猶人得志而縱橫四海。龍之爲物，可比世之英雄。玄德久歷四方，必知當世英雄。請試指言之。」

玄德曰：「備肉眼安識英雄？」操曰：「休得過謙。」玄德曰：「備叨恩庇，得仕於朝。天下英雄，實有未知。」操曰：「既不識其面，亦聞其名。」玄德曰：「淮南袁術，兵糧足備，可謂英雄。」操笑曰：「塚中枯骨，吾早晚必擒之！」玄德曰：「河北袁紹，四世三公，門多故吏；今虎踞冀州之地，部下能事者極多，可謂英雄。」操笑曰：「袁紹色厲膽薄，好謀無斷；幹大事而惜身，見小利而忘命：非英雄也。」玄德曰：「有一人名稱八駿，威鎭九州——劉景升可爲英雄。」操曰：「劉表虛名無實，非英雄也。」玄德曰：「有一人血氣方剛，江東領袖——

—孫伯苻乃英雄也。」操曰：「孫策藉父之名，非英雄也。」玄德曰：「益州劉季玉，可爲英雄乎？」操曰：「劉璋雖係宗室，乃守戶之犬耳，何足爲英雄！」玄德曰：「如張繡、張魯、韓遂等輩皆何如？」操鼓掌大笑曰：「此等碌碌小人，何足挂齒！」玄德曰：「舍此之外，備實不知。」操曰：「夫英雄者，胸懷大志，腹有良謀；有包藏宇宙之機，吞吐天地之志者也。」玄德曰：「誰能當之？」操以手指玄德，後自指曰：「今天下英雄，惟使君與操耳。」（摘自《三國演義》第二十一回：曹操煮酒論英雄，關公賺城斬車冑）

曹操問劉備能否替他指出當代英雄，只見劉備一一點名袁術、袁紹、劉表、孫策、劉璋、張繡、張魯、韓遂，並簡述那些人的事蹟；然而，經過時間驗證，阿備點名的那些人一一垮台衰敗，沒有一個撐到最後，換言之，阿備亂槍打鳥的包牌式預言完全失準，只不過後來猜準馬謖，就被後世的粉絲給吹捧成很會看人的預言家，不得不說阿備的粉絲眞的很會造神。

順道一提，益州的鄉野傳聞曾流傳著一段故事：阿備成功預言馬謖的事蹟後來爲眾人所知，民眾紛紛好奇地詢問並轉述這件事，有的人說是「阿備」做出的預言，也有人直接提到阿備的本名「劉玄德」，結果不知怎麼傳著傳著，作出預言的人竟被民眾傳成是「阿備德」，也因此「阿備德」成了某個地方預言家的一個代名詞。

四二二 阿備任用小凱處理輿情是否為傑出的一手？

阿備在夷陵之戰後不幸病逝，這時益州的一名將領雍闓夥同一些地方勢力發動叛亂；都護李嚴爲了平亂，寫信給予勸告，卻得到雍闓傲慢的回應。

之後雍闓投降東吳，東吳那邊任命他爲永昌太守。即便永昌爲蜀漢的領土，但叛將雍闓還是帶著東吳的任命前往永昌。

然而，永昌當地的官員呂凱卻率領激勵其他的官員與民眾，一同堅定抵抗雍闓，讓這名叛將侵門踏戶的計畫以失敗告終。

呂凱字季平、永昌不韋人也。孫盛蜀世譜曰：初，秦徙呂不韋子弟宗族於蜀漢。漢武帝時，開西南夷，置郡縣，徙呂氏以充之，因曰不韋縣。仕郡五官掾功曹。時雍闓等聞先主薨於永安，驕黠滋甚。都護李嚴與闓書六紙，解喻利害，闓但答一紙曰：「蓋聞天無二日，土無二王，今天下鼎立，正朔有三，是以遠人惶惑，不知所歸也。」其桀慢如此。闓又降於吳，吳遙署闓爲永昌太守。永昌既在益州郡之西，道路壅塞，與蜀隔絕，而郡太守改易，凱與府丞蜀郡王伉帥厲吏民，閉境拒闓。闓數移檄永昌，稱說云云。凱答檄曰：「天降喪亂，奸雄乘釁，天下切齒，萬國悲悼，臣妾大小，莫不思竭筋力，肝腦塗地，以除國難。伏惟將軍世受漢恩，以爲當躬聚黨眾，率先啓行，上以報國家，下不負先人，書功竹帛，遺名千載。何期臣僕吳越，背本就末乎？昔舜勤民事，隕於蒼梧，書籍嘉之，流聲無窮。崩于江浦，何足可悲！文、武受命，成王乃平。先帝龍興，海內望風，宰臣聰睿，自天降康。而將軍不睹盛衰之紀，成敗之符，譬如野火在原，蹈履河冰，火滅冰泮，將何所依附？曩者將軍先君雍侯，造怨而封，竇融知興，歸志世祖，皆流名後葉，世歌其美。今諸葛丞相英才挺出，深睹未萌，受遺託孤，翊贊季興，與眾無忌，錄功忘瑕。將軍若能翻然改圖，易跡更步，古人不難追，鄙土何足宰哉！蓋聞楚國不恭，齊桓是責，夫差僭號，晉人不長，況臣於非主，誰肯歸之邪？竊惟古義，臣無越境之交，是以前後有來無往。重承告示，發憤忘食，故略陳所懷，惟將軍察焉。」凱威恩內著，爲郡中所信，故能全其節。（摘自《三國志：蜀書》）

呂凱——筆者在本文稱其爲「小凱」——從《三國志：蜀書》的描述可以知道，小凱在永昌郡任職期間，將當地的輿情掌控得很好，郡中百姓才會相信小凱、相信阿備，對於任何想要撼動阿備勢力的反動分子，一概抗拒不信。

小凱掌控輿情的手段如此高超，也難怪會受到阿備的重用。雖然筆者認爲阿備的領導能力堪慮，但重用小凱處理輿情的這個人事安排堪稱傑出的一手！

四二三　阿備陣營的代表色是綠色？紅色？或白色？

有玩過光榮三國志電玩遊戲的玩家都知道，阿備的代表色是綠色（曹操是藍色，孫權是紅色），這也是不少玩家心裡的一個疑惑：為何阿備的代表色是綠色？

畢竟依「五行相生說」的理論，漢屬火德，代表色應該是紅色，那以正統自居、打著復興漢室口號的阿備代表色又怎麼會是綠色呢？

筆者認為光榮三國志遊戲是由日本的公司製作，不了解中國的五行相生說，不知道漢室正統的阿備代表色理應是紅色也很正常；選用綠色的理由，有一說是來自關羽的綠色頭巾和袍子，不過這個說法實在太過牽強，若是綠色的衣飾是阿備本人的標誌，那還有幾分可信度。

然而，筆者認為阿備的代表色既非綠色也非紅色，而是白色。理由是白色對阿備很有標誌性，比方說阿備的貼身護衛，是歷史著名的白耳兵（又做「白毦兵」）。

兄嫌白帝兵非精練，到所督則先主帳下白毦，西方上兵也。嫌其少也，當復部分江州兵以廣益之。（摘自《諸葛亮集》）

阿備當初捨棄荊州不用，定都蜀地，也許是因為蜀這個字很符合自己的奮鬥歷程，蜀字最上方的「四」，象徵著自己四處趴趴走的精神，而蜀字當中的「虫」則是暗喻阿備到處寄生的意象——阿備選擇定都蜀地或許就是出於這個原因。

巧的是，阿備在夷陵之戰戰敗後，病重命喪於蜀地的白帝城，這不正好呼應阿備身邊的白色力量「白耳兵」？

由白色的力量簇擁推舉出來的白色帝王——從這點來看，白色作為阿備的代表色實在是再適合也不過了。

【附錄】三國政壇其他人物趣談

五〇一　政治聲量頗高的阿伯是被「處貢」害慘的？

卻說孫策自霸江東，兵精糧足。建安四年，襲取廬江，敗劉勳，使虞翻馳檄豫章，豫章太守華歆投降。自此聲勢大振，乃遣張紘往許昌上表獻捷。曹操知孫策強盛，歎曰：「獅兒難與爭鋒也！」遂以曹仁之女許配孫策幼弟孫匡，兩家結婚。留張紘在許昌。孫策求為大司馬，曹操不許。策恨之，常有襲許都之心。於是吳郡太守許貢，乃暗遣使赴許都，上書於曹操。其略曰：孫策驍勇，與項籍相似。朝廷宜外示榮寵，召還京師；不可使居外鎮，以為後患。

使者齎書渡江，被防江將士所獲，解赴孫策處。策觀書大怒，斬其使，遣人假意請許貢議事。貢至，策出書示之，叱曰：「汝欲送我於死地耶！」命武士絞殺之。貢家屬皆逃散。有家客三人，欲為許貢報仇，恨無其便。一日，孫策引軍會獵於丹徒之西山，趕起一大鹿，策縱馬上山逐之。

正趕之間，只見樹林之內，有三個人持槍帶弓而立。策勒馬問曰：「汝等何人？」答曰：「乃韓當軍士也。在此射鹿。」策方舉轡欲行，一人挺槍望策左腿便刺。策大驚，急取佩劍從馬上砍去，劍刃忽墜，止存劍靶在手。一人早拈弓搭箭射來，正中孫策面頰。策就拔面上箭，取弓回射放箭之人，應弦而倒。那二人舉槍向孫策亂搠，大叫曰：「我等是許貢家客，特來為主人報仇！」策別無器械，只以弓拒之，且拒且走。二人死戰不退。策身被數鎗，馬亦帶傷。

正危急之時，程普引數人至。孫策大叫：「殺賊！」程普引眾齊上，將許貢家客砍爲肉泥。看孫策時，血流滿面，被傷至重；乃以刀割袍，裹其傷處，救回吳會養病。（摘自《三國演義》第二十九回：小霸王怒斬于吉，碧眼兒坐領江東）

孫策，字伯符，筆者習慣稱他「阿伯」。阿伯稱霸江東、聲名大噪後，曾想更上一層樓問鼎大位，但中央完全不想理他，於是阿伯就有了反中央的心態。

這時阿伯統治的領地中的吳郡太守許貢擔心阿伯未來會繼續作亂，遂密信告知中央，要中央設法將阿伯召到京城，不要放任他在地方跟中央作對。

只可惜這封密信被阿伯攔截，阿伯也因此事大怒。然而，細看信件內容，裡頭並未要直接對阿伯不利，而且更進一步想，阿伯想要更上層樓，進中央也可以是個選項，若不是心中有反意，想據地爲王，又怎會反對？

不給位置，意欲翻臉；給了位置，猜疑不爽——阿伯在此刻竟玩起了「父子騎驢」的把戲，把自己裝成「政治受虐兒」；生性多疑的阿伯也因爲這封信開始憂慮許貢，擔心他會跟曹操合作謀害自己，於是把許貢找來對質並將其絞殺。

許貢的家屬爲了避難、四處逃散，其中有三名家客打算報仇，密謀刺殺阿伯的計畫。最終阿伯遭遇這三名家客的暗殺，傷重不治。（正史阿伯是因暗殺而傷重不治，而演義則加入了神仙于吉的橋段）

回過頭來看，如果阿伯當初不要太過多疑、顧慮許貢，或許就能逃過一劫，只能說名震天下的阿伯是被「慮貢」害慘的啊。

五〇二 「寄生瑜，合聲量」是對阿伯的血淚控訴？

卻說周瑜怒氣塡胸，墜於馬下，左右急救歸船。軍士傳說：「玄德、孔明在前山頂上飲酒取樂。」瑜大怒，咬牙切齒曰：「你道我取不得西川，吾誓取之！」

正恨間，人報吳侯遣弟孫瑜到。周瑜接入，具言其事。孫瑜曰：「吾奉兄命來助都督。」遂令催軍前行。行至巴丘，人報上流有劉封，關平二人領軍截住水路。周瑜愈怒。忽又報孔明遣人送書至。周瑜拆封視之。書曰：「漢軍師中郎將諸葛亮，致書於東吳大都督公瑾先生麾下：自柴桑一別，至今戀戀不忘。聞足下欲取西川，亮竊以爲不可。益州民強地險，劉璋雖暗弱，足以自守；今勞師遠征，轉運萬里，欲收全功，雖吳起不能定其規，孫武不能善其後也。曹操失利於赤壁，志豈須臾忘報讎哉？今足下興兵遠征，倘操乘虛而至，江南韭粉矣。亮不忍坐視，特此告知，幸垂照鑒。」

周瑜覽畢，長歎一聲，喚左右取紙筆作書上吳侯，乃聚眾將曰：「吾不欲盡忠報國，奈天命已絕矣。汝等善事吳侯，共成大業。」言訖，昏絕。徐徐又醒，仰天長歎曰：「既生瑜，何生亮？」連叫數聲而亡。壽三十又六歲。（摘自《三國演義》第五十七回：柴桑口臥龍弔喪，耒陽縣鳳雛理事）

孫策，筆者習慣稱其爲「阿伯」，自從有稱霸江東的野心，就想盡辦法去蹭周瑜「那隻瑜」（註一）的聲量，因爲阿伯知道「那隻瑜」在這些年當中讀了很多書，比大家想得有料，在東漢末年當時是相當有聲量的，而且又擅長水軍的攻略，只要能蹭到「那隻瑜」，藉由他的聲量來打響自己名號，並且結合「那隻瑜」統率水軍的專長，對阿伯稱霸江東的未來一定有很大的助益。

「那隻瑜」不是不知道阿伯的意圖，但爲了自己的政治路途，只好隱忍下來，在眾人面前演出一副跟阿伯惺惺相惜的模樣。

後來「那隻瑜」在荊州爭奪戰當中被諸葛亮三度激怒，身受重傷，將不久於人世，在臨終前的人生跑馬燈中，他回顧自己一生都被阿伯蹭聲量，心有不甘，才會吐露出那句名言：

寄生瑜，合聲量

「那隻瑜」的意思是在抱怨阿伯想藉著寄生瑜，來把自己跟瑜的聲量合而爲一，進而壯大自己的政治實力。只是當時大家都誤以爲「那隻瑜」臨終前說的那句話是在講他跟諸葛亮的恩怨情仇，才會以訛傳訛，流傳至今。

註一：

用「那隻瑜」作爲周瑜的代稱並非對其不敬，古人常常就以動物來比擬人，例如諸葛亮曾説「欲射一馬（司馬懿），誤中一獐（張郃）」；另一方面，以「魚」來比擬代稱周瑜，也是暗喻他擅長水戰的統御能力。

五〇三　阿伯因為忌妒小英才會有那麼強的攻擊性？

於是姜維引夏侯霸至成都，入見後主。維奏曰：「司馬懿謀殺曹爽，又來賺夏侯霸，霸因此投降。目今司馬懿父子專權，曹芳懦弱，魏國將危。臣在漢中有年，兵精糧足；臣願領王師，即以霸爲鄉導官，進取中原，重興漢室，以報陛下之恩，以終丞相之志。」尚書令費禕諫曰：「近者，蔣琬、董允，皆相繼而亡，內治無人。伯約只宜待時，不宜輕動。」維曰：「不然，人生如白駒過隙，似此遷延歲月，何日恢復中原乎？」禕又曰：「孫子云：『知彼知己，百戰百勝。』我等皆不如丞相遠甚，丞相尚不能恢復中原，何況我等？」維曰：「吾久居隴上，深知羌人之心；今若結羌人爲援，雖未能克復中原，自隴而西，可斷而有也。」後主曰：「卿既欲伐魏，可盡忠竭力，勿墮銳氣，以負朕命。」（摘自《三國演義》第一〇七回：魏主政歸司馬氏，姜維兵敗牛頭山）

姜維，字伯約，筆者習慣稱其爲阿伯。阿伯繼承了已故丞相諸葛亮的遺志，北伐曹魏，但打從一開始就受到同儕的質疑，尚書令董允認爲諸葛亮都未能北伐成功，才智遠不及諸葛亮的阿伯又怎能做到？

但阿伯依舊不爲所動，即便北伐屢屢受挫，仍一而再、再而三地出兵攻打曹魏，連年征戰，把蜀國國力消耗大半。

卻說姜維臨興兵，乃問廖化曰：「吾今出師，誓欲掀復中原，當先取何處？」化曰：「連年征伐，軍民不寧；兼魏有鄧艾，足智多謀，非等閒之輩：將軍強欲行難爲之事，此化所以不敢專也。」維勃然大怒曰：「昔丞相六出祁山，亦爲國也。吾今八次伐魏，豈爲一已之私哉？今當先取洮陽。如有逆吾者必斬！」遂留廖化守漢中，自同諸將提兵三十萬，逕取洮陽而來。

（摘自《三國演義》第一一五回：詔班師後主信纔，託屯田姜維避禍）

面對部下廖化的質疑勸諫，阿伯非但不聽，還惱羞成怒地要眾人不能有其他意見，只能照他的意志來做事——爲何阿伯會有這麼強的攻擊性呢？

筆者認爲這很可能跟諸葛亮的妻子黃月英有關。黃月英，筆者在本文中稱其爲「小英」。作爲夫妻，諸葛亮很可能會在平時傳授小英學問，換言之，阿伯跟小英都是被同一個老師所教。

自詡是諸葛亮唯一傳人的阿伯也許無法忍受有其他人也得到了諸葛亮的眞傳，爲了要證明自己的本事，就模仿諸葛亮六出祁山，搞了個九伐中原，一天到晚都在想打仗，無心內政，導致於國力被榨乾，間接造成蜀國崩壞的未來。

如果筆者的猜測無誤，那蜀國國力衰弱的結果可以說是阿伯忌妒小英的連鎖反應啊！

五〇四　阿伯畫三角形畫到把自己玩完了是哪裡強？

且說太僕蔣顯到劍閣入見姜維，傳後主敕命，言歸降之事。維大驚失語。帳下眾將聽知，一齊怨恨，咬牙怒目，鬚髮倒豎，拔刀砍石大呼曰：「吾等死戰，何故先降耶！」號哭之聲，聞數十里。

維見人心思漢，乃以善言撫之曰：「眾將勿憂。吾有一計，可復漢室。」眾將求問。姜維與諸將附耳低言，說了計策。即於劍閣關遍豎降旗，先令人報入鍾會寨中，說姜維引張翼、廖化、董厥前來降。會大喜，令人迎接維入帳，會曰：「伯約來何遲也？」維正色流涕曰：「國家全師在吾，今日至此，猶為速也。」

會甚奇之，下座相拜，待為上賓。維說會曰：「聞將軍自淮南以來，算無遺策；司馬氏之盛，皆將軍之力；維故甘心俯首。如鄧士載，當與決一死戰。安肯降之乎？」會遂折箭為誓，與維結為兄弟，情愛甚密，仍令照舊領兵。維暗喜，遂令蔣顯回成都去了。（摘自《三國演義》第一一八回：哭祖廟一王死孝，入西川二士爭功）

姜維，筆者習慣稱其為阿伯，是三角形大師諸葛亮的傳人，最有名的事蹟，就是在後主劉禪放棄抵抗後，假意向鍾會詐降，並利用鍾會的野心，擊垮死敵鄧艾，可謂把畫三角形的功力發揮得淋漓盡致。

會從之，即命姜維領武士往殺眾魏將。維領命，方欲行動，忽然一陣心疼，昏倒在地，左右扶起，半晌方甦。忽報宮外人聲沸騰。會方令人探時，喊聲大震，四面八方，無限兵到。維曰：「此必是諸將作亂，可先斬之。」

忽報兵已入內。會令關上殿門，使軍士上殿屋以瓦擊之，互相殺死數十人。宮外四面火起，外兵砍開殿門殺入。會自掣劍立殺數人，卻被亂箭射倒。眾將梟其首。維拔劍上殿，往來衝突，不幸心疼轉加。維仰天大叫曰：「吾計不成，乃天命也！」遂自刎而死；時年五十九歲。宮中死者數百人。衛瓘曰：「眾軍各歸營所，以待王命。」魏兵爭欲報讎，共剖維腹，其膽大如雞卵。眾將又盡取姜維家屬殺之。鄧艾部下之人，見鍾會、姜維已死，遂連夜去追劫鄧艾。

早有人報知衛瓘。瓘曰：「是我捉艾，今若留他，我無葬身之地矣。」護軍田續曰：「昔鄧艾取江油之時，欲殺續，得眾官告免。今日當報此恨。」瓘大喜，遂遣田續引五百兵趕至綿竹，正遇鄧艾父子放出檻車，欲還成都。艾只道是本部兵到，不作準備；欲待問時，被田續一刀斬之。鄧忠亦死於亂軍之中。（摘自《三國演義》第一一九回：假投降巧計成虛話，再受禪依樣畫葫蘆）

也許有人會問，阿伯畫三角形雖然畫得很漂亮，卻不愼畫到把自己玩完了，這樣到底是強在哪裡？

筆者認爲，雖然阿伯九伐中原沒有多大進展，反倒把蜀國國力耗盡，但念在阿伯對蜀漢政權忠心赤膽，堪稱鞠躬盡瘁，死而後已，看到他最終畫三角形畫到把自己的性命賠掉，也不忍再多苛責什麼。

據傳蜀國當地人也有筆者類似的想法，他們一方面埋怨阿伯攻擊性強年年征戰，讓蜀國民眾的負擔加重，另一方面卻又感佩阿伯的忠義情操，也因此鄉野間流傳著一句話：

「阿伯誤蜀，阿伯剋艾。」

即便前半句是對阿伯的貶抑，但後半句卻補上了阿伯剋制死敵鄧艾的傳奇事蹟——筆者認爲這樣褒貶參半的評語堪稱中肯持平。

只是後來這句話可能因爲中國各地方言的腔調加上諧音，導致被訛傳成「阿伯務實，阿伯可愛」，並拿來套用在某政治人物身上，讓追隨群眾拿來吹捧造神，堪稱「三個臭皮匠（裨將）賽過諸葛亮」的另一個經典訛傳案例。

五〇五　懷有二心的侯成為那場敗戰的頭號戰犯嗎？

操大喜。即令軍士決兩河之水。曹兵皆居高原，坐視水淹下邳。下邳一城，只剩得東門無水；其餘各門，都被水淹。眾軍飛報呂布。布曰：「吾有赤兔馬，渡水如平地，又何懼哉！」乃日與妻妾痛飲美酒。因酒色過傷，形容銷減。一日取鏡自照，驚曰：「吾被酒色傷矣！自今日始，當戒之。」遂下令城中，但有飲酒皆斬。

卻說侯成有馬十五匹，被後槽人盜去，欲獻與玄德。侯成知覺，追殺後槽人，將馬奪回；諸將與侯成作賀。侯成釀得五六斛酒，欲與諸將會飲；恐呂布見罪，乃先以酒五瓶詣布府，稟曰：「托將軍虎威，追得失馬。眾將皆來作賀，釀得此酒，未敢擅飲，特先奉上微意。」

布大怒曰：「吾方禁，酒汝卻釀酒會飲，莫非同謀伐我乎？」命推出斬之。宋憲，魏續等諸將俱入告饒。布曰：「故犯吾令，理合斬首。今看眾將面，且打一百！」眾將又哀告，打了五十背花，然後放歸。眾將無不喪氣。

宋憲，魏續至侯成家探視，侯成泣曰：「非公等則吾死矣！」憲曰：「布只戀妻子，視吾等如草芥。」續曰：「軍圍城下，水遶壕邊，吾等死無日矣！」憲曰：「布無仁無義，我等棄之而走，何如？」續曰：「非丈夫也。不若擒布獻曹公。」侯成曰：「我因追馬受責，而布所倚恃者，赤兔馬也。汝二人果能獻門擒布，吾當先盜馬去見曹公。」

三人商議定了。是夜侯成暗至馬院，盜了那匹赤兔馬，飛奔東門來。魏續便開門放出，卻佯作追趕之狀。侯成到曹操寨，獻上馬匹，備言宋憲、魏續插白旗爲號，準備獻門。（摘自《三國演義》第十九回：下邳城曹操鏖兵，白門樓呂布殞命）

眾所皆知，在曹操征戰各地的軍旅生涯當中，一代戰神呂布絕對是相當難纏的一個勁敵。呂布本人武力無雙，驍勇善戰，底下猛將有張遼、高順，又兼有深知曹操性格的謀士陳宮。倘若不是呂布底下的將領侯成懷有二心，夥同其他將領投降曹操（演義當中甚至有盜取赤兔馬和方天畫戟的情節），也許勝負還在未定之數。

侯成早年跟著呂布四處征戰，即便呂布是出了名的草包，但作爲主將與侯友誼應該不錯才是，爲何侯在後來會懷有二心呢？單單只是因爲主將不爽馬酒而與侯產生嫌隙嗎？

筆者認爲侯成也許是看到主將如此荒謬，大敵當前，還終日飲酒，心底十分鄙視這個酒空，同時意識到自己這些年來跟著這個草包帶領的團體做了許多錯事，於是才會轉性，並在這個關鍵的時機點，做正確的事——簡言之，就是「轉性事正」，也因此「轉性事正」的侯才會懷有二心，背刺草包般的領袖。

而在降曹之後，偷取赤兔馬、導致呂布大敗的侯成在後來的史書中竟然完全沒了記載；筆者推測可能是史官認爲侯懷有二心、背叛主子，認定這樣的人沒有資格被歷史記錄下來，所以很快就怠惰於記錄此人的後續發展，也因此民間有了「侯後縣怠記」的說法——據傳當時只要有民眾好奇詢問侯接下來的發展，就有知情人用「侯後驟怠記」一詞予以敷衍回覆。

至於懷有二心的侯成爲這場敗戰的頭號戰犯嗎？筆者則認爲這種說法太過言重了，主將才是決定一場戰役的重要關鍵，把敗戰的責任推給下屬，只能說明那個慘敗的團體不懂得反省，依舊自欺欺人，可憐啊！

五〇六　懷有二心又背刺暗算同志的侯選得下去嗎？

兩人約定。次日，韓遂引侯選，李堪，梁興，馬玩，楊秋，五將出陣。馬超藏在門影裡。韓遂使人到操寨前，高叫：「韓將軍請丞相攀話。」操乃令曹洪引數十騎逕出陣前與韓遂相見。馬離數步，洪馬上欠身言曰：「夜來丞相致意將軍之言，切莫有誤。」言訖便回馬。

超聽得大怒，挺鎗驟馬，便刺韓遂。五將攔住，勸解回寨。遂曰：「賢姪休疑，我無歹心。」馬超那裏肯信，恨怨而去。韓遂與五將商議曰：「這事如何解釋？」楊秋曰：「馬超倚仗勇武，常有欺凌主公之心，便勝得曹操，怎肯相讓？以某愚見，不如暗投曹公，他日不失封侯之位。」遂曰：「吾與馬騰向曾結為兄弟，安忍背之？」楊秋曰：「事已至此，不得不然。」遂曰：「誰可以通消息？」楊秋曰：「某願往。」遂乃寫一密書，遣楊秋來操寨，說投降之事。

操大喜，許封韓遂為西涼侯楊秋為西涼太守，其餘皆有官爵。約定放火為號，共謀馬超。楊秋拜辭，回見韓遂，備言其事：「約定今夜放火，裡應外合。」遂大喜，就令軍士於中軍帳後堆積乾柴，五將各懸刀劍聽候。韓遂商議，欲設宴賺請馬超，就席圖之，猶豫未決。

不想馬超早已探知備細，便帶親隨數人，仗劍先行，令龐德，馬岱為後應。超潛入韓遂帳中，只見五將與韓遂密語，只聽得楊秋口中說道：「事不宜遲，可速行之！」超大怒，揮劍直入，大喝曰：「群賊焉敢謀害我！」眾皆大驚。超一劍望韓遂面門剁去，遂慌以手迎之，左手早被砍落。五將揮刀齊出。超縱步出帳外，五將圍繞溷殺。超獨揮寶劍，力敵五將。劍光明處，鮮血濺飛：砍翻馬玩，剁倒梁興，三將各自逃生。超復入帳中來殺韓遂時，已被左右救去。帳後一把火起，各寨兵皆動。超連忙上馬。龐德，馬岱亦至，互相混戰。超領軍殺出時，操兵四至：前有許褚，後有徐晃，左有夏侯淵，右有曹洪，西涼之兵，自相併殺。超不見了龐德，馬岱，乃引百餘騎，截於渭橋知上。

天色微明，只見李堪引一軍從橋下過，超挺槍縱馬逐之。李堪拖槍而走。恰好于禁從馬超背後趕來，禁開弓射馬超，超聽得背後弦響，急閃過，卻射中前面李堪，落馬而死。超回馬來殺于禁。禁拍馬走了。超回橋上住紮，操兵前後大至，虎衛軍當先，亂箭夾射馬超。超以槍撥之，矢皆紛紛落地。超令從騎往來衝殺，爭奈曹兵圍裹堅厚，不能衝出。超於橋上大喝一聲，殺入河北，從騎皆被截斷。超獨在陣中衝突，卻被暗弩射倒坐下馬。馬超墮於地上，操軍逼合。

正在危急，忽西北角上一彪軍殺來，乃龐德，馬岱也。二人救了馬超。將軍中戰馬，與馬超騎了，翻身殺條血路，望西北而走。曹操聞馬超走脫，傳令諸將：「無分曉夜，務要趕到馬兒。如得首級者賞千金，封萬戶侯。生獲者封大將軍。」眾將得令。各要爭功，迤邐追襲。馬超顧不得人馬困乏，只顧奔走。從騎漸漸皆散。步兵走不上者，多被擒去。止剩得三十餘騎，與龐德，馬岱望隴西，臨洮而去。

曹操親自追至安定，知馬超去遠，方收兵回長安。眾將畢集。韓遂已無左手，做了殘疾之人，操教就於長安歐馬，授韓遂西涼侯之職。楊秋，侯選，皆封列侯，令守渭口。（摘自《三國演義》第五十九回：許褚裸衣鬥馬超，曹操抹書間韓遂）

馬超之父馬騰被曹操設計殺害，為了報父仇，馬超找上馬騰義結金蘭的叔父韓遂。韓遂帶著底下八名將領侯選、程銀、李堪、張橫、梁興、成宜、馬玩、楊秋，與馬超一同起兵攻打長安，開啓了潼關之戰的序幕。

在潼關之戰中，程銀、成宜、張橫先後戰死，曹操還使用反間計與偽書，造成馬超和韓遂反目成仇。

為求自保，韓遂跟剩餘五名將領密謀殺害曾經並肩作戰的夥伴馬超，但計畫意外走漏，被馬超突襲殺入，韓遂因而斷手，梁興、馬玩當場慘死，李堪則是後來陣亡；至於存活下來的楊秋和侯選則是跟著傷殘的韓遂投降曹操，並獲得封侯。

以上是演義的情節，史實雖然有出入，但情節大致相符，不過韓遂並沒有投降，而是後來被人所殺；楊秋則是直接投降曹操；至於侯選先投靠張魯，後再投降曹操。

在正史中，楊秋後來還有被曹操重用，跟著郭淮征討叛亂分子；但侯選不論是正史或是演義都再也找不到他的紀錄——究竟為何侯會消失了呢？

先說正史的部分，與楊秋同為西涼將領的侯選沒有像他的同僚一樣，繼續在當代留下拚戰的足跡，很可能是因為上屬郭淮的關係。筆者推測應是郭淮沒有將侯選納入自己麾下，才會造成這種情形，導致民間流傳著「郭不選侯選」的說法。

至於演義的部分，筆者則是認爲《三國演義》的宗旨是在強調「忠孝節義」，像侯這樣懷有二心到處投靠又投降是不忠，密謀暗算背刺同志（馬超）則是不義，如此不忠不義的人看在作者羅貫中眼裡，是一定得下去、不能擺在三國政壇檯面上的一號人物，也因此侯才會無法繼續出現在《三國演義》之後的篇幅當中。

五〇七　侯音量不大的宛軍是他失敗的關鍵因素嗎？

是時南陽間苦繇役，音於是執太守東里褎，與吏民共反，與關羽連和。南陽功曹宗子卿往說音曰：「足下順民心，舉大事，遠近莫不望風；然執郡將，逆而無益，何不遣之。吾與子共戮力，比曹公軍來，關羽兵亦至矣。」音從之，即釋遣太守。子卿因夜踰城亡出，遂與太守收餘民圍音，會曹仁軍至，共滅之。（摘自《曹瞞傳》）

遷南陽太守。先時，郡人侯音反，眾數千人在山中為群盜，大為郡患。前太守收其黨與五百餘人，表奏皆當死。豫悉見諸繫囚，慰喻，開其自新之路，一時破械遣之。諸囚皆叩頭，願自效，即相告語，群賊一朝解散，郡內清靜。具以狀上，太祖善之。（摘自《三國志》魏書田豫傳）

侯音，曹魏的宛城守將，由於當地民眾受不了曹魏的統治，趁著蜀漢將領關公（也就是關羽）北伐之際，侯在宛城聚集數千人，準備跟關公分進合擊，一同下架曹氏政權。

然而，侯卻慘遭分進合擊，原先說好會支持他的人這時叛變倒打他一把，還將他團團包圍，此外，關公的支援也遲遲未出現，不久曹仁軍抵達並攻陷宛城，侯不幸戰死。

整起事件看下來，侯會失敗，他量不大的宛軍似乎是關鍵，不過數千人的群眾要怎麼抵抗動輒上萬人的曹軍？

然而，經過筆者深思，推測出侯失敗的原因不單單在於他量不大的宛軍，還有以下兩點：

第一，底下的人吃裡扒外，原先說好要力挺自己的那些人反過來叛變倒打他一把，造成他內外受敵的極端不利局面。

第二，期待的支援並未出現。本來侯是打算整合關公那邊的力量，孰料關公卻沒有及時出現，才會導致侯勢單力薄，孤掌難鳴。不知侯當時跟關公是怎麼談的，倘若有白紙黑字的約定，那關公說話不算話沒依約定及時給予幫助，更是讓侯的困境雪上加霜。

雖說逝者已矣，但假使侯能夠預知自己腹背受敵、孤軍奮戰的窘境，也許就會打消出戰念頭，甚至自嘲「笑死人了，還是好好做事吧」，然後待在自己的崗位上好好做事情，蓄積力量等候時機，這樣一來，下架曹氏政權的機率會更高也說不定。

五〇八　接下高位承擔此重責大任，蔣琬安能勝任？

眾將正慌亂間，忽尚書李福又至；見孔明昏絕，口不能言，乃大哭曰：「我誤國家之大事也！」須臾，孔明復醒，開目遍視；見李福立於榻前，孔明曰：「吾已知公復來之意也。」福謝曰：「福奉天子命，問丞相身後，誰可任大事者。適因匆遽，失於諮請，故復來耳。」孔明曰：「吾死之後，可任大事者：蔣公琰其宜也。」福曰：「公琰之後，誰可繼之？」孔明曰：「費文偉可繼之。」（摘自《三國演義》第一〇四回：隕大星漢丞相歸天，見木像魏都督喪膽）

諸葛亮北伐未竟大業，反倒積勞成疾，過勞身亡，臨終前將軍國重任委託給蔣琬（蔣琬，字公琰）。眾所周知，諸葛亮治國的才能相當出類拔萃，別說三國當代，綜觀中國歷史，找出能與其並駕齊驅的政治人物都寥寥無幾，那麼蔣琬安能勝任帶領蜀國復興漢室這項艱鉅工作？

筆者會有這樣擔憂不是沒有原因的，比起諸葛亮在任的時候，蔣琬的處境更加艱難，畢竟荊州在東吳統轄期間已將近二十年，各地治理趨近完備，而荊州是適宜農耕之地，比起寒冷的北部，收穫容易許多，如果已經占有江東的吳國，再占有荊州，那儲糧必定會大增，也連帶膨脹了吳國擴張領土的野心，畢竟糧草爲打仗的第一要務。

如果吳國要擴張領土，只有兩個方向可行，一是北伐曹魏，另一可能就是西征蜀國。

看到這裡，也許會有人好奇吳蜀不是同盟關係？怎麼西征蜀國會是吳國的選項之一呢？

首先，吳蜀決裂並非沒發生過，吳國目前占領的荊州就是從蜀國手中搶過來的，就跟情感出軌劈腿一樣，背叛有了第一次，難保不會有第二次第三次。

其次，之前東吳北伐曹魏屢屢受挫，無尺寸之功，也許會因此起心動念，轉移目標改打西邊的益州，而攻打益州也正符合魯肅早期向孫權提出、媲美諸葛亮「隆中對」的「榻上策」。

權即見肅，與語甚悅之。眾賓罷退，肅亦辭出，乃獨引肅還，合榻對飲。因密議曰：「今漢室傾危，四方雲擾，孤承父兄餘業，思有桓文之功。君既惠顧，何以佐之？」肅對曰：「昔高帝區區欲尊事義帝而不獲者，以項羽為害也。今之曹操，猶昔項羽，將軍何由得為桓文乎？肅竊料之，漢室不可復興，曹操不可卒除。為將軍計，惟有鼎足江東，以觀天下之釁。規模如此，亦自無嫌。何者？北方誠多務也。因其多務，剿除黃祖，進伐劉表，竟長江所極，據而有之，然後建號帝王以圖天下，此高帝之業也。」（摘自《三國志・吳書・魯肅傳》）

換言之，除了荊州，魯肅也有取益州的打算（「榻上策」雖沒提到劉璋，但有講到「劃長江所有的地方據為己有」）。倘若適宜農耕的荊州被吳國所據，諸葛亮還在的時候都無法輕忽了，更別說諸葛亮死後，由蔣琬掌握軍國重任的蜀國了。也因此稗官野史曾記載蜀漢民間流傳著一句話：

「吳宜農日益壯大，蔣琬安能不憂心？」

被諸葛丞相託付軍國重任的蔣琬最終也無法在他過世之前挽救蜀漢衰敗崩毀的命運，只能說獨木難撐大局啊！

五〇九　朱光靠地方首長政績是否就不應黯然退場？

公遣朱光爲廬江太守，屯皖，大開稻田，又令間人招誘鄱陽賊帥，使作內應。（摘自《三國志・吳主傳》）

權征皖城。閏月，克之。獲廬江太守朱光及參軍董和，男女數萬口。（摘自《三國志・吳主傳》）

權遣校尉梁寓奉貢於漢。及令王惇市馬，又遣朱光等歸。（摘自《三國志・吳主傳》）

朱光，曹操陣營的一員將領，在孫權北伐合肥之前，被曹操任命爲廬江太守，並屯兵於皖城，大量種植水稻，期間還去招降鄱陽賊帥，並使之成爲內應——然而，有如此地方首長政績的將領卻在《三國演義》裡落得黯然退場的下場。

不一日，呂蒙，甘寧先到。蒙獻策曰：「現今曹操令廬江太守朱光屯兵於皖城，大開稻田，納穀於合淝，以充軍實。今可先取皖城，然後攻合淝。」權曰：「此計甚合吾意。」遂教呂蒙，甘寧，爲先鋒，蔣欽，潘璋，爲合後；權自引周泰，陳武，董襲，徐盛，爲中軍。時程普，黃蓋，韓當，在各處鎮守，都未隨征。

卻說軍馬渡江，取和州，逕到皖城。皖城太守朱光，使人往合淝求救；一面固守城池，堅壁不出。權自到城下看時，城上箭如雨發，射中孫權麾蓋。權回寨，問眾將曰：「如何取得皖城？」董襲曰：「可差軍士築起土山攻之。」徐盛曰：「可豎雲梯，造虹橋，下觀城中而攻之。」呂蒙曰：「此法皆費日月而成，合淝救軍一至，不可圖矣。今我軍初到，士氣方銳，正可乘此銳氣，奮力攻擊。來日平明進兵，午未時便當破城。」

權從之。次日五更，飯畢，三軍大進。城上矢石齊下。甘寧手執鐵練，冒矢石而上。朱光令弓弩手齊射，甘寧撥開箭林，一練打倒朱光。呂蒙親自擂鼓。士卒皆一擁而上，亂刀砍死朱光。餘眾多降，得了皖城，方纔辰時。張遼引軍至半路，哨馬回報皖城已失。遼即回兵歸合淝。（摘自《三國演義》第六十七回：曹操平定漢中地，張遼威震逍遙津）

根據正史記載，孫權攻打皖城，俘虜了朱光，並在之後將他遣送回曹魏，但在演義裡，朱光卻被羅貫中「賜死」，寫他死於吳軍亂刀之下。

從朱光的經歷來看，可以知道此人能文能武，不但有治理地方的手腕，也有帶兵作戰的謀略，堪稱一個難得的人才，結果卻在羅貫中的筆下快速殞落、黯然退場——看到朱光的下場，筆者也忍不住替他抱屈啊！

五一〇 朱褒護地方有功，卻仍被大衆遺忘邊緣化？

建興元年夏，牂柯太守朱褒擁郡反。〈《魏氏春秋》曰：初，益州從事常房行部，聞褒將有異志，收其主簿案問，殺之。褒怒，攻殺房，誣以謀反。諸葛亮誅房諸子，徙其四弟於越嶲，欲以安之。褒猶不悛改，遂以郡叛應雍闓。臣松之案：以爲房爲褒所誣，執政所宜澄察，安有妄殺不辜以悅姦慝？斯殆妄矣！〉先是，益州郡有大姓雍闓反，流太守張裔於吳，據郡不賓，越嶲夷王高定亦背叛。（摘自《三國志・蜀書》卷三十三）

朱褒，原爲牂牁太守，那時正值雍闓發動叛亂，爲了避免南方諸郡響應雍闓，高官李嚴派益州從事常房去牂牁巡查，常房聽聞朱褒懷有二心，遂將牂牁主簿抓來詢問並將其殺死。

朱褒對此大怒，因而殺了常房，並誣陷常房謀反，而諸葛亮卻聽信了朱褒的一面之詞，不但殺死常房的所有孩子，還將常房的弟弟發配到越嶲郡。

然而，這樣的處置卻沒辦法平息朱褒欲反之心，朱褒最終還是響應雍闓，一起參與叛亂。不過之後朱褒卻下落不明，往後的史料也沒有記載關於朱褒的紀錄，整個人像是被遺忘邊緣化了。

在本文，筆者不多談論諸葛亮聽信片面之詞、誤殺忠良的這件事，而是把焦點擺在主角朱褒這人身上。

　　益州從事常房奉命來巡查牂牁，他懷疑牂牁太守朱褒要造反，在未經查明下就先捕殺牂牁的主簿。朱身爲牂牁太守，牂牁的主簿被殺就等同於百姓被殺，朱反擊殺死常房也是情有可原，甚至可說是護地方有功，即便朱褒後來反叛，但這樣的人竟然會消失在歷史紀錄當中——爲何朱褒護地方有功，最終卻還是被遺忘邊緣化？

　　筆者認爲原因可能有以下幾點：

　　第一，沒做好做滿。朱身爲地方首長，竟沒有做好做滿，還響應叛亂，這樣不負責任的作爲本來就很難被人認同。

　　第二，換主。即便朱褒護地方有功，但他後來決定換主，離開蜀漢，改跟著雍闓叛亂，堪稱不忠不義。

　　也許有人會替朱辯護說「換主是情勢使然，怪不得朱」，但古人有云：忠臣不事二主，「換主」造成了朱人生的一大污點，也難怪會被後人遺忘邊緣化。

五一一　會擔心沒做好做滿被邊緣化的朱靈不靈嗎？

初，清河朱靈爲袁紹將。太祖之征陶謙，紹使靈督三營助太祖，戰有功。紹所遣諸將各罷歸，靈曰：「靈觀人多矣，無若曹公者，此乃眞明主也。今已遇，復何之？」遂留不去。所將士卒慕之，皆隨靈留。靈後遂爲好將，名亞晃等，至後將軍，封高唐（亭）侯。（九州春秋曰：「初，清河季雍以鄃叛袁紹而降公孫瓚，瓚遣兵衛之。紹遣靈攻之。靈家在城中，瓚將靈母弟置城上，誘呼靈。靈望城涕泣曰：『丈夫一出身與人，豈復顧家耶！』遂力戰拔之，生擒雍而靈家皆死。」魏書曰：「靈字文博。太祖既平冀州，遣靈將新兵五千人騎千匹守許南。太祖戒之曰：『冀州新兵，數承寬緩，暫見齊整，意尙怏怏。卿名先有威嚴，善以道寬之，不然即有變。』靈至陽翟，中郎將程昂等果反，即斬昂，以狀聞。太祖手書曰：『兵中所以爲危險者，外對敵國，內有姦謀不測之變。昔鄧禹中分光武軍西行，而有宗歆、馮愔之難，後將二十四騎還洛陽，禹豈以是減損哉？來書懇惻，多引咎過，未必如所云也。』文帝即位，封靈鄃侯，增其戶邑。詔曰：『將軍佐命先帝，典兵歷年，威過方邵，功逾絳灌。圖籍所美，何以加焉？朕受天命，帝有海內，元功之將，社稷之臣，皆朕所與同福共慶，傳之無窮者也。今封隃侯。富貴不歸故鄉，如夜行衣繡。若平常所志，原勿難言。』靈謝曰：『高唐，宿所原。』於是更封高唐侯，薨，謚曰威侯。（摘自《三國志．魏書．張樂于張徐傳》）

朱靈，本來是韓馥的將領，後來袁紹從韓馥手中搶過冀州牧的位置後，就改跟著袁紹。某次袁紹派朱靈去援助曹操征討徐州，任務完成後，朱靈卻被曹操的魅力折服，決定留下改爲曹操效力。之後的數十個年頭，替曹魏立下不少汗馬功勞。

然而，朱靈的主要資訊被記載在「五子良將」張遼、樂進、于禁、張郃、徐晃五人專屬的傳記中，但名字卻又沒出現在目錄篇章上，可說是被徹底邊緣化。

爲何有功績的朱會被如此邊緣化呢？筆者認爲原因可能有以下幾點：

一、換主

朱本來跟著韓馥，後改跟袁紹，最終轉投曹操，沒做好做滿又換主讓朱不得人的信任，也難怪在于禁的傳記中提到曹操處處提防他。（太祖嘗恨朱靈，欲奪其營。以禁有威重，遣禁將數十騎，齎令書，徑詣靈營奪其軍，靈及其部眾莫敢動；乃以靈爲禁部下督，眾皆震服，其見憚如此。）

二、疑似臥底

朱靈奉袁紹之命去支援曹操，任務完成後卻不願歸建，而是選擇留下來跟隨曹操——仔細思索，這樣的情況頗啓人疑竇。

後來官渡之戰結束後，曹操在敵營中撿到一堆書信，裡頭大多是自己軍中將領跟袁紹暗通的紀錄。

操獲全勝，將所得金寶緞疋，給賞軍士。於圖書中檢出書信一束，皆許都及軍中諸人與紹暗通之書。左右曰：「可逐一點對姓名，收而殺之。」操曰：「當紹之強，孤亦不能自保，況他人乎？」遂命盡焚之，更不再問。（摘自《三國演義》第三十回：戰官渡本初敗績，劫烏巢孟德燒糧）

把這件事情跟早期朱靈轉投曹操的情況兜在一塊，筆者合理懷疑，朱靈極有可能是袁紹藉機安插到曹操陣營的臥底，而後在官渡之戰裡跟袁紹有書信往來的將領，朱靈或許就是其中一個。也許袁紹沒有在回信中把朱的名字 protected，讓曹操在焚毀書信之前瞥見朱的名字，才會導致曹操後來厭惡朱靈。

想到這裡，筆者不禁好奇：倘若朱這樣的人擔任領導，那底下的追隨群眾會擔心他在生死存亡的危急時刻不靈嗎？

筆者認為這是一定的，領導人性格堪慮，就算過往有實績，也很難得到群眾的信服，會被懷疑無法帶領團體重返榮耀也是相當正常的，而朱後來被邊緣化的下場也就不令人意外了。

五一二　本有機會問鼎大位的朱然後被徹底邊緣化？

虎威將軍呂蒙病篤。權問曰：「卿如不起，誰可代者？」蒙對曰：「朱然膽守有餘，愚以為可任。」（摘自《三國志・吳書・朱然傳》）

朱然，吳國重要將領，重要到「東吳四大都督」之一的呂蒙認為朱是可以接替自己的人。然而，本有機會問鼎大位的朱然卻沒排進東吳四大都督之中，反倒是被陸遜這個後輩給捷足先登，至於陸遜之後的三任都督，也沒有朱然。（註一）

沒取得都督大位也就罷了，朱然竟然連名額較多的「江東十二虎臣」都排不進名單內（註二）。

正史當中的朱然已經被邊緣化到極致了，虛構的小說情節竟讓朱然的下場變得更慘。

黃武元年，劉備舉兵攻宜都。然督五千人與陸遜並力拒備。然別攻破備前鋒，斷其後道，備遂破走。（摘自《三國志・吳書・朱然傳》）

正史記載，夷陵之戰期間，阿備攻打宜都，遭到朱然和陸遜的抵抗；朱然打敗阿備的前鋒部隊，斷其退路，阿備因而敗走，立下大功，戰後的二十多年內還持續地替吳國做出貢獻；然而，在演義當中，朱然卻被羅貫中賜死於夷陵之戰中。

先主正慌急之間－此時天色已微明－只見前面喊聲震天，朱然軍紛紛落澗，滾滾投巖，一彪軍殺入，前來救駕。先主大喜；視之，乃常山趙子龍也。時趙雲在川中江州，聞吳、蜀交兵，遂引軍出；忽見東南一帶火光沖天，雲心驚，遠遠探視：不想先主被困，雲奮勇衝殺而來。陸遜聞是趙雲，忽令軍退。

雲正殺之間，忽遇朱然，便與交鋒；不一合，一鎗刺朱然於馬下，殺散吳兵，救出先主，望白帝城而走。（摘自《三國演義》第八十四回：陸遜營燒七百里，孔明巧布八陣圖）

一個有戰功的重要將領，在史實中沒有被重視，在小說中又黯然退場，這樣看來，朱是不是被徹底邊緣化了呢？其實倒也不是。

諸葛瑾子融，步騭子協，雖各襲任，權特復使然總爲大督。又陸遜亦本，功臣名將存者惟然，莫與比隆。寢疾二年，後漸增篤，權晝爲減膳。夜爲不寐，中使醫藥口食之物，相望於道。然每遣使表疾病消息，權輒召見，口自問訊。入賜酒食，出送布帛。自創業功臣疾病，權意之所鐘，呂蒙、凌統最重，然其次矣。年六十八，赤烏十二年卒，權素服舉哀，爲之感慟。

子績嗣。（摘自《三國志・吳書・朱然傳》）

雖然朱錯失了一開始接班梯隊上位的最佳時機，但之後卻仍有坐上大位的機會，無奈時不我予，朱因爲自身緣故，狀況不見起色，最終還是跟大位失之交臂。只能說一切都是命啊！

註一：

東吳歷屆的都督爲周瑜、魯肅、呂蒙、陸遜、諸葛恪、丁奉、陸抗，前面四位更被稱爲「東吳四大都督」。

註二：

江東十二虎臣爲「程普、黃蓋、韓當、蔣欽、周泰、陳武、董襲、甘寧、凌統、徐盛、潘璋、丁奉」，陳壽撰寫《三國志》將此十二人合寫在一傳內。

五一三　世人會認同頭銜好看卻太早殞落的朱讚嗎？

時魏主曹叡太和元年，升殿設朝。近臣奏曰：「夏侯駙馬已失三郡，逃竄羌中去了。今蜀兵已到祁山，前軍臨渭水之西，乞早發兵破敵。」叡大驚，乃問群臣曰：「誰可為朕退蜀兵耶？」司徒王朗出班奏曰：「臣觀先帝每用大將軍曹眞，所到必克；今陛下何不拜為大都督，以退蜀兵？」叡准奏，乃宣曹眞曰：「先帝託孤與卿，今蜀兵入寇中原，卿安忍坐視乎？」眞奏曰：「臣才（左為疏之左．右為束）智淺，不稱其職。」王朗曰：「將軍乃社稷之臣，不可固辭。老臣雖駑鈍，願隨將軍前往。」眞又奏曰：「臣受大恩，安敢推辭？但乞一人為副將。」叡曰：「卿自舉之。」眞乃保太原陽曲人：姓郭，名淮，字伯濟，官封射亭侯，領雍州刺史。叡從之，遂拜曹眞為大都督，賜節鉞；命郭淮為副都督，王朗為軍師；朗時年已七十六歲矣。選撥東西二京軍馬二十萬與曹眞。眞命宗弟曹遵為先鋒，又命盪寇將軍朱讚為副先鋒。時年十一月出師，魏主曹叡親自送出西門之方回。（摘自《三國演義》第九十三回：姜伯約歸降孔明，武鄉侯罵死王朗）

魏國將領「盪寇將軍」朱讚，在諸葛亮首度北伐時初登場。根據筆者查到的資料，「盪寇將軍」這個頭銜雖然只有到第五品，但在三國時代當過「盪寇將軍」的將領都非等閒人物，比如蔣欽、程普、張嶷、關羽、張郃、張遼，尤其是後三人，其中一個被後世尊爲武聖，另外兩個則是位列於曹魏的「五子良將」——由此可知，能夠擔任「盪寇將軍」的人是有一定分量的。

但頂著「盪寇將軍」的朱讚在初登場居然連先鋒都沒得當，更慘的是才踏上征途沒多久就不幸身亡。

卻說曹眞連日望羌人消息，忽有伏路軍來報說：蜀兵拔寨收拾起程。」郭淮大喜曰：「此因羌兵攻擊，故爾退去。」遂分兩路追趕。前面蜀兵亂走，魏兵隨後追趕。先鋒曹遵正趕之間，忽然鼓聲大震，一彪軍閃出；爲首大將乃魏延也，大叫：「反賊休走！」曹遵大驚，拍馬交鋒；不三合，被魏延一刀斬於馬下。副先鋒朱讚引兵追趕，忽然一彪軍閃出；爲首大將乃趙雲也。朱讚措手不及，被雲一鎗刺死。（摘自三國演義第九十四回：諸葛亮乘雪破羌兵，司馬懿剋日擒孟達）

頂著漂亮頭銜的朱，還來不及大展長才，就快速殞落，這樣的人能夠得到世人的認同嗎？筆者認爲很難，畢竟朱讚的表現實在太過「落漆」，根本有辱「盪寇將軍」這個名號。再加上，根據筆者查到有關三國「盪寇將軍」的資料，僅有提到上面那六人，名單上居然沒有提到朱讚的名字，換言之，朱可說是徹底被邊緣化。

有辦法獲得「盪寇將軍」的名號，卻連「在盪寇將軍中名氣最低」這個頭銜都拿不到，真的是相當諷刺啊！

五一四　身為「白賊之王」的韓為何能夠登上大位？

李傕、郭汜既悔令天子東，乃來救段煨，因欲劫帝而西，楊定爲汜所遮，亡奔荊州。而張濟與楊奉、董承不相平，乃反合傕、汜，共追乘輿，大戰於弘農東澗。承、奉軍敗，百官士卒死者不可勝數，皆棄其婦女輜重，御物符策典籍，略無所遺。射聲校尉沮儁被創墜馬。李傕謂左右曰：「尚可活不？」儁罵之曰：「汝等凶逆，逼迫天子，亂臣賊子，未有如汝者！」傕使殺之。天子遂露次曹陽。承、奉乃譎傕等與連和，而密遣閒使至河東，招故白波帥李樂、韓暹、胡才及南匈奴右賢王去卑，並率其眾數千騎來，與承、奉共擊傕等，大破之，斬首數千級，乘輿乃得進。董承、李樂擁衛左右，胡才、楊奉、韓暹、去卑爲後距。傕等復來戰，奉等大敗，死者甚於東澗。自東澗兵相連綴四十里中，方得至陝，乃結營自守。時殘破之餘，虎賁羽林不滿百人，皆有離心。承、奉等夜乃潛議過河，使李樂先度具舟舡，舉火爲應。帝步出營，臨河欲濟，岸高十餘丈，乃以絹縋而下。餘人或匍匐岸側，或從上自投，死亡傷殘，不復相知。爭赴舡者，不可禁制，董承以戈擊披之，斷手指於舟中者可掬。同濟唯皇后、宋貴人、楊彪、董承及后父執金吾伏完等數十人。其宮女皆爲傕兵所掠奪，凍溺死者甚眾。既到大陽，止於人家，然後幸李樂營。百官飢餓，河內太守張楊使數千人負米貢餉。帝乃御牛車，因都安邑。河東太守王邑奉獻綿帛，悉賦公卿以下。封邑爲列侯，拜胡才征東將軍，張楊爲安國將軍，皆假節、開府。其壘壁群豎，競求拜職，刻印不給，至乃以錐畫之。或齎酒肉就天子燕飲。又遣太僕韓融至弘農，與傕、汜等連和。傕乃放遣公卿百官，頗歸宮人婦女，及乘輿器服。

初，帝入關，三輔戶口尚數十萬，自傕汜相攻，天子東歸後，長安城空四十餘日，強者四散，羸者相食，二三年閒，關中無復人跡。建安元年春，諸將爭權，韓暹遂攻董承，承奔張楊，楊乃使承先繕修洛宮。七月，帝還至洛陽，幸楊安殿。張楊以為己功，故因以「楊」名殿。乃謂諸將曰：「天子當與天下共之，朝廷自有公卿大臣，楊當出扞外難，何事京師？」遂還野王。楊奉亦出屯梁。

乃以張楊為大司馬，楊奉為車騎將軍，韓暹為大將軍，領司隸校尉，皆假節鉞。暹與董承並留宿衛。（摘自《後漢書》卷七十二）

韓暹，河東白波帥，所謂的白波帥，即為白波賊的首領（白波賊是漢末黃巾賊的一支），故筆者給韓「白賊之王」的稱號。

作為「白賊之王」，韓率領著支持群眾雄踞一方，秉持著「能撈就撈，能混就混」的價值觀治理地方。之後藉著楊奉的引介，進到中央，結果登上高位，被封為「大將軍」。

大將軍一職的職等很高，東漢末當過大將軍一職的人有四位，分別為何進、韓暹、曹操、袁紹——除了韓暹外的三人皆是三國歷史赫赫有名的人物，韓不過是「白賊之王」，卻能夠爬到這麼高的地位，這究竟是怎麼做到的？

說到底，就是時運所致，當時朝中天子漢獻帝被李傕郭汜二人挾持，而後李郭二人內鬥，本屬李傕陣營的軍閥楊奉就趁機帶走漢獻帝。

面對李郭二人的追殺，楊奉只得向「白賊之王」韓暹求援，韓也不負所托，保護朝中天子漢獻帝免於李郭二人的再度挾持。也因此才能獲得朝中天子的力保，當上大將軍——簡而言之，朝中天子就是韓登上大位的主要推手啊！

五一五　韓那個草包憑啥跟喬王平起平坐又輕視朱？

初平元年，紹遂以勃海起兵，以從弟後將軍術、冀州牧韓馥、豫州刺史孔伷、兗州刺史劉岱、陳留太守張邈、廣陵太守張超、河內太守王匡、山陽太守袁遺、東郡太守橋瑁、濟北相鮑信等同時俱起，眾各數萬，以討卓爲名。紹與王匡屯河內，伷屯潁川，馥屯鄴，餘軍咸屯酸棗，約盟，遙推紹爲盟主。（摘自《後漢書》卷七十四上）

冀州牧韓馥，是東漢末眾多地方諸侯之一，曾參與討伐董卓的戰役，與各個諸侯平起平坐，但袁紹的謀士逢紀確曾這樣評論韓：

紹客逢紀謂紹曰：「夫舉大事，非據一州，無以自立。今冀部強實，而韓馥庸才，可密要公孫瓚將兵南下，馥聞必駭懼。並遣辯士爲陳禍福，馥迫於倉卒，必可因據其位。」（摘自《後漢書》卷七十四上）

被評爲庸才的韓就等於草包，但身爲草包的韓卻能跟諸侯當中的喬瑁和王匡平起平坐，先分別看看喬王二人在當代的評價：

瑁字元偉，玄族子。先為兗州刺史，甚有威惠。（摘自《英雄記》）

是時，豪傑多欲起兵討卓者，袁紹在勃海，冀州牧韓馥遣數部從事守之，不得動搖。東郡太守橋瑁，詐作京師三公移書與州郡，陳卓罪惡，云：「見逼迫，無以自救，企望義兵，解國患難。」（摘自《資治通鑑》卷五十九）

匡字公節，泰山人。輕財好施，以任俠聞。（摘自《英雄記》）

喬瑁甚有威惠，更是討伐董卓戰役的發起人；而王匡則是不重視金錢，且樂於施捨助人。比起被評為庸才的韓，喬王二人明顯更加出色。

此外，韓這個草包還曾輕視都官從事朱漢：

紹以河內朱漢為都官從事。漢先時為馥所不禮，內懷怨恨，且欲邀迎紹意，擅發城郭兵圍守馥第，拔刃登屋，馥走上樓，收得馥大兒，捶折兩腳。紹亦立收漢，殺之。馥猶有憂怖，故報紹索去。（摘自《英雄記》）

袁紹任命朱漢為都官從事，而朱曾受韓輕視，兩人因此結下深仇大恨——究竟為何韓這個草包能跟喬王平起平坐又輕視朱？

筆者認爲是冀州牧一職讓韓膨脹自大了，在《英雄記》當中有關韓馥的描述如下：

馥字文節，潁川人。爲御史中丞。董卓舉爲冀州牧。于時冀州民人殷盛，兵糧優足。

當中提到「冀州民人殷盛」，底下有這麼多的群眾，韓自然有底氣跟其他人較勁，所以不論是喬王或朱，都難以跟人氣頗高的韓相抗衡，這也造就了韓這個草包能夠短暫雄霸一方的現象。

五一六　氣勢衰竭的關鍵點是否在於韓猛銳而輕敵？

曹操得書大喜，令將士效力死守。紹軍約退三十餘里，操遣將出營巡哨。有徐晃部將史渙獲得袁軍細作，解見徐晃。晃問其軍中虛實。答曰：「早晚大將韓猛運糧至軍前接濟，先令我等探路。」徐晃便將此事報知曹操。荀攸曰：「韓猛匹夫之勇耳。若遣一人引輕騎數千，從半路擊之，斷其糧草，紹軍自亂。」操曰：「誰人可往？」攸曰：「即遣徐晃可也。」

操遂差徐晃帶將史渙并所部兵先出，後使張遼、許褚引兵救應。當夜韓猛押糧車數千輛，解赴紹寨。正走之間，山谷內徐晃、史渙引軍截住去路，韓猛飛馬來戰。徐晃接住廝殺，史渙便殺散人夫，放火焚燒糧車。韓猛抵當不住，撥馬回走。徐晃催軍燒盡輜量。袁紹軍中，望見西北上火起，正驚疑間，敗軍報來：「糧草被劫。」（摘自《三國演義》第三十回：戰官渡本初敗績，劫烏巢孟德燒糧）

「官渡之戰」被稱爲三國時代三大戰役之一（另兩個是赤壁之戰和夷陵之戰），當代兩大諸侯曹操與袁紹在官渡對峙決一勝負，最終由曹操一方以少勝多，擊敗了袁紹軍，奠定了曹操統一北方的基礎。

一般說來，後世普遍認爲袁軍的糧倉烏巢被攻陷是官渡之戰的轉捩點，但在此之前，袁軍的補給線就曾被曹操給截斷了，負責運送糧草的韓猛難辭其咎——筆者甚至認爲這件事很可能才是袁軍氣勢衰竭的關鍵點。

乃縱步騎擊，大破之，斬其騎將文醜，太祖遂與紹相拒於官渡。軍食方盡，攸言於太祖曰：「紹運車旦暮至，其將韓猛銳而輕敵，擊可破也。」（摘自《三國志・魏書・荀彧荀攸賈詡傳》）

曹軍陣中的一位謀士曾這樣評斷韓猛：「銳而輕敵」，這句話的意思很可能是在說韓沒有清楚審度局勢，並錯估自己和對手的能力，才會挺身承擔任何重要職務，爲袁紹軍不惜粉身碎骨。

但韓接下運糧的重責大任後，卻不慎出錯，讓補給線被截斷，導致雙方氣勢出現死亡交叉——只能說氣勢衰竭的關鍵點就在於韓猛銳而輕敵啊！

五一七　韓家軍五將怎麼會廢到一個能打的都沒有？

卻說夏侯楙在長安聚集諸路軍馬。時有西涼大將韓德，善使開山大斧，有萬夫不當之勇，引西羌諸路兵八萬到來；見了夏侯楙，楙重賞之，就令爲先鋒。德有四子，皆精通武藝，弓馬過人：長子韓瑛，次子韓瑤，三子韓瓊，四子韓琪。韓德帶四子并西羌兵八萬，取路至鳳鳴山，正遇蜀兵。兩陣對圓。韓德出馬，四子列於兩邊。德厲聲大罵曰：「反國之賊，安敢犯吾境界！」

趙雲大怒，挺鎗縱馬，單搦韓德交戰。長子韓瑛，躍馬來迎；戰不三合，被趙雲一鎗刺死於馬下。次子韓瑤見之，縱馬揮刀來戰。趙雲施逞舊日虎威，抖擻精神迎戰。瑤抵敵不住。三子韓瓊，急挺方天戟驟馬前來夾攻。雲全然不懼，鎗法不亂。四子韓琪，見二兄戰雲不下，也縱馬掄兩口日月刀而來，圍住趙雲。雲在中央獨戰三將。

少時，韓琪中鎗落馬。韓陣中偏將急出救去。雲拖鎗便走。韓瓊按戟，急取弓箭射之：連放三箭，皆被雲用鎗撥落。瓊大怒，仍綽方天戟縱馬趕來；卻被雲一箭射中面門，落馬而死。韓瑤縱馬舉寶刀便砍趙雲。雲棄鎗於地，閃過寶刀，生擒韓瑤歸陣，復縱馬取鎗殺過陣來。

韓德見四子皆喪趙雲之手，肝膽皆裂，先走入陣去。西羌兵素知趙雲之名，今見其英勇如昔，誰敢交鋒；趙雲馬到處，陣陣倒退。趙雲匹馬單鎗，往來衝突，如入無人之境。後人有詩讚曰：憶昔常山趙子龍，年登七十建奇功。獨誅四將來衝陣，猶似當陽救主雄。

鄧芝見趙雲大勝，率蜀兵掩殺，西涼兵大敗而走。韓德險被趙雲擒住，棄甲步行而逃。雲與鄧芝收軍回寨。芝賀曰：「將軍壽已七旬，英勇如昨。今日陣前力斬四將，世所罕有！」雲曰：「丞相以吾年邁，不肯見用，故聊以自表耳。」遂差人解韓瑤，申報捷書，以達孔明。

卻說韓德引敗軍回見夏侯楙，哭其事。楙自統兵來迎趙雲。探馬報入蜀寨，說夏侯楙引兵到。雲綽鎗上馬，引千餘軍，就鳳鳴山前擺成陣勢。當日夏侯楙戴金盔，坐白馬，手提大砍刀，立在門旗之下。見趙雲躍馬挺鎗，往來馳騁，楙欲自戰。韓德曰：「殺吾四子之讎，如何不報！」縱馬輪開山大斧，直取趙雲。雲奮怒挺鎗來迎；戰不三合，鎗起處，刺死韓德於馬下，急撥馬直取夏侯楙。楙慌忙閃入本陣。（摘自《三國演義》第九十二回：趙子龍力斬五將，諸葛亮智取三城）

諸葛亮首度北伐，派趙雲當作先鋒，碰上了曹軍陣營派出的韓家軍。韓德帶領的四個兒子向趙雲叫陣，並先後與趙雲混戰，卻接連命喪於趙雲的手下，就連韓德自己最終也逃不過被刺死的命運——韓家軍五將可說是完全潰敗，不堪一擊。

根據演義的描述，韓德是西涼大將，有萬夫不擋之勇，照理說沒這麼弱，但為何韓家軍五將會廢成這樣，一個能打的都沒有？

筆者認為很可能是韓德太過輕敵，即便對手趙雲戰績輝煌，但年事已高，韓德可能認為趙雲已經不足為懼，才會過於輕敵，膽敢與其交鋒。

韓家軍的潰敗更連帶引發了後續諸葛亮智取三城的效應，好在天水守將姜維即時識破諸葛亮的計謀，才擋住了蜀軍的攻勢。

卻說姜維獻計於馬遵曰：「諸葛亮必伏兵於郡後，賺我兵出城，乘虛襲我。某願請精兵三千，伏於要路。太守隨後發兵出城，不可遠去，止行三十里便回；但看火起為號，前後夾攻，可獲大勝。如諸葛亮自來，必為某所擒矣。」

遵用其計，付精兵與姜維去訖，然後自與梁虔引出城等候；只留梁緒、尹賞守城。原來孔明果遣趙雲引一軍埋伏於山僻之中，只待天水人馬離城，便乘虛襲之。當日細作回報趙雲，說天水太守馬遵，起兵出城，只留文官守城。趙雲大喜，又令人報與張翼、高翔，教於要路截殺馬遵。此二處兵亦是孔明預先埋伏。

卻說趙雲引五千兵，逕投天水郡城下，高叫曰：「吾乃常山趙子龍也。汝知中計，早獻城池，免遭誅戮。」城上梁緒大笑曰：「汝中吾姜伯約之計，尚然不知耶？」雲恰待攻城，忽然喊聲大震，四面火光沖天。當先一員少年將軍，挺鎗躍馬而言曰：「汝見天水姜伯約乎！」雲挺鎗直取姜維。戰不數合，維精神倍長。雲大驚，暗忖曰：「誰想此處有這般人物！」

正戰時，兩軍夾攻來，乃是馬遵、梁虔引軍殺回。趙雲首尾不能相顧，衝開條路，引敗兵奔走，姜維趕來。虧得張翼、高翔兩路軍殺出，接應回去。趙雲歸見孔明，說中了敵人之計。

孔明驚問曰：「此是何人，識吾玄機？」有南安人告曰：「此人姓姜，名維，字伯約，天水冀人也：事母至孝，文武雙全，智勇足備，眞當也之英傑也。」趙雲又誇獎姜維鎗法，與他人大不同。孔明曰：「吾今欲取天水，不想有此人。」遂起大軍前來。（摘自三國演義第九十三回：姜伯約歸降孔明，武鄉侯罵死王朗）

姜維精采的表現令諸葛亮刮目相看，也因此不得不使用計謀來賺他。

卻說孔明因慮姜維，自爲前部，望天水郡進發。將到城邊，孔明傳令曰：「凡攻城池：以初到之日，激勵三軍，鼓譟直上。若遲延日久，銳氣盡隳，急難破矣。」於是大軍逕到城下。因見城上旗幟整齊，未敢輕攻。候至半夜，忽然四下火光沖天，喊聲震地，正不知何處兵到。只見城上亦鼓譟吶喊相應，蜀兵亂竄。孔明急上馬，有關興，張苞二將保護，殺出重，圍回頭視之，正東上軍馬，一帶火光，勢若長蛇。

孔明令關興探視，回報曰：「此姜維兵也。」孔明歎曰：「兵不在多，在人之調遣耳，此人眞將才也！」收兵歸寨，思之良久，乃喚安定人問曰：「姜維之母，現在何處？」答曰：「維母今居冀縣。」孔明喚魏延分付曰：「汝可引一軍，虛張聲勢，詐取冀縣。若姜維到，可放入城。」又問：「此地何處緊要？」安定人曰：「天水錢糧，皆在上邽；若打破上邽；則糧道自絕矣。」

孔明大喜，教趙雲引一軍去攻上邽。孔明離城三十里下寨。早有人報入天水郡，說蜀兵分爲三路：一軍守此郡，一軍取上邽，一軍取冀城。姜維聞之，哀告馬遵曰：「維母現在冀城，恐母有失。維乞一軍往救此城，兼保老母。」馬遵從之，遂令姜維引三千軍去保冀城；梁虔引三千軍去保上邽。

卻說姜維引兵至冀城，前面一彪軍擺開，爲首蜀將，乃是魏延。二將交鋒數合，延詐敗奔走。維入城閉門，率兵守護，拜見老母，並不出戰。趙雲亦放過梁虔入上邽城去了。

孔明乃令人去南安郡，取夏侯楙至帳下。孔明曰：「汝懼死乎？」楙慌拜伏乞命。孔明曰：「目今姜維現守冀州，使人持書來說：『但得駙馬在，我願來降。』吾今饒汝性命，汝肯招安姜維否？」楙曰：「情願招安。」孔明乃與衣服鞍馬，不令人跟隨，放之自去。

楙得脫出寨，欲尋路而走，奈不知路徑。正行之間，逢數人奔走。楙問之，答曰：「我等是冀縣百姓；今被姜維獻了城池，歸降諸葛亮，蜀將魏延縱火劫財，我等因此棄家而走，投上邽去也。」楙又問曰：「今守天水城是誰？」土人曰：「天水城中乃馬太守也。」

楙聞之，縱馬望天水而行。又見百姓攜男抱女而來，所說皆同。楙至天水城下叫門，城上人認得是夏侯楙，慌忙開門迎接。馬遵驚拜問之。楙細言姜維之事；又將百姓所言說了。遵歎曰：「不想姜維反投蜀矣！」梁緒曰：「彼意欲救都督，故以此言虛降。」楙曰：「今維已降，何爲虛也？」

正躊躇間，時已初更，蜀兵又來攻城。火光中見姜維在城下挺鎗勒馬，大叫曰：「請夏侯都督答話！」夏侯楙與馬遵等皆到城上；見姜維耀武揚威，大叫曰：「我為都督而降，都督何背前言？」楙曰：「汝受魏恩，何故降蜀？有何前言耶？」維應曰：「汝寫書教我降蜀，何出此言？汝欲脫身，卻將我陷了！我今降蜀，加為上將，安有還魏之理？」言訖，驅兵打城，至曉方退，原來夜間假妝姜維者，乃孔明之計，令部卒形貌相似者，假扮姜維攻城，因火光之中，不辨真偽。

孔明卻引兵來攻冀城。城中糧少，軍食不敷。姜維在城上，見蜀軍大車小輛，搬運糧草，入魏延寨中去了，姜維引三千兵出城，逕來劫糧。蜀兵盡棄了糧車，尋路而走。姜維奪得糧草，欲要入城，忽然一彪軍攔住，為首蜀將張翼也。二將交鋒，戰不數合，王平引一軍又到，兩下夾攻。維力窮抵敵不住，奪路歸城；城上早插蜀兵旗號：原來已被魏延襲了。

維殺條路奔天水城，手下尚有十餘騎；又遇張苞殺了一陣，維止剩得匹馬單鎗，來到天水城下叫門。城上軍見是姜維，慌報馬遵。遵曰：「此是姜維來賺我城門也。」令城上亂箭射下。姜維回顧蜀兵至近，遂飛奔上邽城來。城上梁虔見了姜維，大罵曰：「反國之賊，安敢來賺我城池！吾已知汝降蜀矣！」遂亂箭射下。

姜維不能分說，仰天長歎，兩眼淚流，撥馬望長安而走。行不數里，前至一派大樹茂林之處，一聲喊起，數千兵擁出；為首蜀將關興，截住去路。維人困馬乏，不能抵當，勒回馬便走。忽然一輛小車從山坡中轉出。其人頭戴綸巾，身披鶴氅，手搖羽扇乃孔明也。孔明喚姜維曰：「伯約此時何尚不降？」

維尋思良久，前有孔明，後有關興，又無去路，只得下馬投降。孔明慌忙下車而迎，執維手曰：「吾自出茅廬以來，遍求賢者，欲摶授平生之學，恨未得其人。今遇伯約，吾願足矣。」維大喜拜謝。（摘自三國演義第九十三回：姜伯約歸降孔明，武鄉侯罵死王朗）

諸葛亮利用姜維事母至孝的個性，逼得他在極度劣勢的情況下立即啓程前往救援，也因此中計敗給諸葛亮。

即便姜維輸了這一仗，但他力挽狂瀾的事蹟讓後人感佩，稗官野史甚至還記載著涼州一帶曾流傳這樣一句話：

「韓過於輕敵慘敗，姜啓程力挽狂瀾。」

這句話簡單清楚描述了涼州當時的情況，只能說若不是韓過於輕敵，也不會導致後來一連串的敗績啊！

五一八　韓當那個地方的首長為何會承接重責大任？

韓當字義公，遼西令支人也。以便弓馬，有膂力，幸於孫堅，從征伐周旋，數犯危難，陷敵擒虜，為別部司馬。及孫策東渡，從討三郡，遷先登校尉，授兵二千，騎五十匹。從征劉勳，破黃祖，還討鄱陽，領樂安長，山越畏服。後以中郎將與周瑜等拒破曹公，又與呂蒙襲取南郡，遷偏將軍，領永昌太守。宜都之役，與陸遜、朱然等共攻蜀軍於涿鄉，大破之，徙威烈將軍，封都亭侯。曹眞攻南郡，當保東南。在外為帥，厲將士同心固守，又敬望督司，奉遵法令，權善之。黃武二年，封石城侯，遷昭武將軍，領冠軍太守，後又加都督之號。將敢死及解煩兵萬人，討丹楊賊，破之。會病卒，子綜襲侯領兵。（摘自《三國志・吳書・韓當傳》）

韓當，江東的重要將領，為「江東十二虎臣」之一（註一），在韓任職永昌太守期間，承擔了不少外務。比方說：韓先後承接了迎戰劉備與曹眞的重責大任——究竟韓當，這個地方的首長，為何會在任期內承接如此重責大任呢？

筆者認為，韓當是孫氏政權的三朝元老，打從孫堅時期就為孫家效力，立下不少汗馬功勞，作為一名戰將，自然對於治理事務興趣缺缺；更別提永昌太守一職屬於空降（註二），更讓韓無心在地方治理上頭。

更重要的是，韓深知：只有東吳好，地方才會好。因此他毅然決然放下手邊一切事務，主動承擔任何挑戰，來到前線迎戰劉備和曹真，爲了東吳王朝，不惜粉身碎骨——由此觀之，韓當這個地方的首長外務太多、沒有做好做滿又有何過錯呢？

註一：

江東十二虎臣爲「程普、黃蓋、韓當、蔣欽、周泰、陳武、董襲、甘寧、凌統、徐盛、潘璋、丁奉」，陳壽撰寫《三國志》將此十二人合寫在一傳內。

註二：

永昌郡，位於益州，當時在蜀漢管轄範圍內。

五一九　若看到楊秋興兵臨城下，韓遂認輸投降嗎？

兩人約定。次日，韓遂引侯選，李堪，梁興，馬玩，楊秋，五將出陣。馬超藏在門影裡。韓遂使人到操寨前，高叫：「韓將軍請丞相攀話。」操乃令曹洪引數十騎逕出陣前與韓遂相見。馬離數步，洪馬上欠身言曰：「夜來丞相致意將軍之言，切莫有誤。」言訖便回馬。超聽得大怒，挺鎗驟馬，便刺韓遂。五將攔住，勸解回寨。遂曰：「賢姪休疑，我無歹心。」馬超那裏肯信，恨怨而去。韓遂與五將商議曰：「這事如何解釋？」楊秋曰：「馬超倚仗勇武，常有欺凌主公之心，便勝得曹操，怎肯相讓？以某愚見，不如暗投曹公，他日不失封侯之位。」遂曰：「吾與馬騰向曾結為兄弟，安忍背之？」楊秋曰：「事已至此，不得不然。」遂曰：「誰可以通消息？」楊秋曰：「某願往。」遂乃寫一密書，遣楊秋來操寨，說投降之事。

操大喜，許封韓遂為西涼侯楊秋為西涼太守，其餘皆有官爵。約定放火為號，共謀馬超。楊秋拜辭，回見韓遂，備言其事：「約定今夜放火，裡應外合。」遂大喜，就令軍士於中軍帳後堆積乾柴，五將各懸刀劍聽候。韓遂商議，欲設宴賺請馬超，就席圖之，猶豫未決。

不想馬超早已探知備細，便帶親隨數人，仗劍先行，令龐德，馬岱為後應。超潛入韓遂帳中，只見五將與韓遂密語，只聽得楊秋口中說道：「事不宜遲，可速行之！」超大怒，揮劍直入，大喝曰：「群賊焉敢謀害我！」眾皆大驚。超一劍望韓遂面門剁去，遂慌以手迎之，左手早被砍落。五將揮刀齊出。超縱步出帳外，五將圍繞溷殺。超獨揮寶劍，力敵五將。劍光明處，鮮血濺飛：砍翻馬玩，剁倒梁興，三將各自逃生。超復入帳中來殺韓遂時，已被左右救去。帳後一把火起，各寨兵皆動。超連忙上馬。龐德，馬岱亦至，互相混戰。超領軍殺出時，操兵四至：前有許褚，後有徐晃，左有夏侯淵，右有曹洪，西涼之兵，自相併殺。超不見了龐德，馬岱，乃引百餘騎，截於渭橋知上。

天色微明，只見李堪引一軍從橋下過，超挺槍縱馬逐之。李堪拖槍而走。恰好于禁從馬超背後趕來，禁開弓射馬超，超聽得背後弦響，急閃過，卻射中前面李堪，落馬而死。超回馬來殺于禁。禁拍馬走了。超回橋上住紮，操兵前後大至，虎衛軍當先，亂箭夾射馬超。超以槍撥之，矢皆紛紛落地。超令從騎往來衝殺，爭奈曹兵圍裹堅厚，不能衝出。超於橋上大喝一聲，殺入河北，從騎皆被截斷。超獨在陣中衝突，卻被暗弩射倒坐下馬。馬超墮於地上，操軍逼合。

正在危急，忽西北角上一彪軍殺來，乃龐德，馬岱也。二人救了馬超。將軍中戰馬，與馬超騎了，翻身殺條血路，望西北而走。曹操聞馬超走脫，傳令諸將：「無分曉夜，務要趕到馬兒。如得首級者賞千金，封萬戶侯。生獲者封大將軍。」眾將得令。各要爭功，迤邐追襲。馬超顧不得人馬困乏，只顧奔走。從騎漸漸皆散。步兵走不上者，多被擒去。止剩得三十餘騎，與龐德，馬岱望隴西，臨洮而去。

曹操親自追至安定，知馬超去遠，方收兵回長安。眾將畢集。韓遂已無左手，做了殘疾之人，操教就於長安歇馬，授韓遂西涼侯之職。楊秋，侯選，皆封列侯，令守渭口。（摘自《三國演義》第五十九回：許褚裸衣鬥馬超，曹操抹書間韓遂）

先前在講侯選的時候，有提到楊秋這人。楊秋本來是效力於韓遂，是韓底下的一名要角，潼關之戰結束投降曹操後，再跟著郭淮四處征戰。

郭淮字伯濟，太原陽曲人也。建安中舉孝廉，除平原府丞。文帝爲五官將，召淮署爲門下賊曹，轉爲丞相兵曹議令史，從征漢中。太祖還，留征西將軍夏侯淵拒劉備，以淮爲淵司馬。淵與備戰，淮時有疾不出。淵遇害，軍中擾擾，淮收散卒，推盪寇將軍張郃爲軍主，諸營乃定。其明日，備欲渡漢水來攻。諸將議眾寡不敵，備便乘勝，欲依水爲陣以拒之。淮曰：「此示弱而不足挫敵，非筭也。不如遠水爲陣，引而致之，半濟而後擊，備可破也。」既陣，備疑不渡，淮遂堅守，示無還心。以狀聞，太祖善之，假郃節，復以淮爲司馬。文帝即王位，賜爵關內侯，轉爲鎮西長史。又行征羌護軍，護左將軍張郃、冠軍將軍楊秋討山賊鄭甘、盧水叛胡，皆破平之。關中始定，民得安業。（摘自《三國志・魏書・滿田牽郭傳》）

即便上司從韓換到郭，但楊秋依舊保持著興奮的狀態在戰場上拚博，也許就是楊秋興奮勇冠三軍的表現，讓他被升爲「冠軍將軍」。

能在郭的底下有好表現，可以推斷楊秋跟這位新上司很合得來，相處融洽。筆者不禁好奇：倘若潼關之戰當時曹操派郭策反楊秋，又或者楊秋自己主動興兵反叛，那看到楊秋興兵臨城下的韓遂認輸投降嗎？

經過一番思索，筆者認為楊秋興兵臨城下的壓力應該撼動不了韓遂，畢竟韓是個動員能力極強的政治人物，他在《三國演義》中二度動員超過十萬的群眾：

一日，人報西涼太守馬騰、并州刺史韓遂二將引軍十餘萬，殺奔長安來，聲言討賊。原來二將先曾使人入長安，結連侍中馬宇、諫議大夫种邵、左中郎將劉範三人為內應，共謀賊黨。三人密奏獻帝，封馬騰為征西將軍、韓遂為鎮西將軍，各受密詔，併力討賊。（摘自《三國演義》第十回：勤王室馬騰舉義，報父讎曹操興師）

馬超拜謝。韓遂便將操使者推出斬之，乃點手下八部軍馬，一同進發。那八部乃侯選，程銀，李堪，張橫，梁興，成宜，馬玩，楊秋也。八將隨著韓遂，合馬超手下龐德，馬岱共起二十萬大兵，殺奔長安來。（摘自《三國演義》第五十八回：馬孟起興兵雪恨，曹阿瞞割鬚棄袍）

既然有如此強大的動員能力，有那麼多的群眾在背後撐腰，那韓又怎麼會被區區的一個楊秋興兵臨城下的壓力給擊潰呢？

五二〇　不顧大局而暗算背刺同志的郭圖謀的是啥？

卻說曹操領兵夜行，前過袁紹別寨，寨兵問是何處軍馬。操使人應曰：「蔣奇奉命往烏巢護糧。」袁軍見是自家旗號，遂不疑惑。凡過數處，皆詐稱蔣奇之兵，並無阻礙。及到烏巢，四更已盡。操教軍士將束草周圍舉火，眾將校鼓譟直入。時淳于瓊方與眾將飲了酒，醉臥帳中；聞鼓譟之聲，連忙跳起問：「何故喧鬧？」

言未已，早被撓鈎拖翻。眭元進、趙叡運糧方回，見屯上火起，急來救應。曹軍飛報曹操，說：「賊兵在後，請分軍拒之。」操大喝曰：「諸將只顧奮力向前，待賊至背後，方可回戰！」於是眾軍將無不爭先掩殺。一霎時，火燄四起，煙迷太空。眭、趙二將驅兵來救，操勒馬回戰。二將抵敵不住，皆被曹軍所殺，糧草盡行燒絕。淳于瓊被擒見操，操命割去其耳鼻手指，縛於馬上，放回紹營以辱之。

卻說袁紹在帳中，聞報正北上火光滿天，知是烏巢有失，急出帳召文武，各官商議遣兵往救。張郃曰：「某與高覽同往救之。」郭圖曰：「不可。曹軍劫糧，曹操必然親往；操既自出，寨必虛空，可縱兵先擊曹操之寨；操聞之，必速還：此孫臏『圍魏救趙』之計也。」張郃曰：「非也。曹操多謀，外出必為內備，以防不虞。今若攻操營而不拔，瓊等見獲，吾屬皆被擒矣。」郭圖曰：「曹操只顧劫糧，豈留兵在寨耶？」再三請劫曹營。紹乃遣張郃、高覽引軍五千，往官渡擊曹營；遣蔣奇領兵一萬，往救烏巢。

且說曹操殺散淳于瓊部卒，盡奪其衣甲旗幟，僞作淳于瓊部下敗軍回寨，至山僻小路，正遇蔣奇軍馬。奇軍問之，稱是烏巢敗軍奔回。奇遂不疑，驅馬逕過。張遼、許褚忽至，大喝：「蔣奇休走！」奇措手不及，被張遼斬於馬下，盡殺蔣奇之兵。又使人當先僞報云：「蔣奇已自殺散烏巢兵了。」袁紹因不復遣人接應烏巢，只添兵往官渡。

卻說張郃、高覽攻打曹營，左邊夏侯惇，右邊曹仁，中路曹洪，一齊衝出，三下攻擊，袁軍大敗。比及接應軍到，曹操又從背後殺來，四下圍住掩殺。張郃、高覽奪路走脫。袁紹收得烏巢敗殘軍馬歸寨，見淳于瓊耳鼻皆無，手足盡落。紹問：「如何失了烏巢？」敗軍告說：「淳于瓊醉臥，因此不能抵敵。」

紹怒，立斬之。郭圖恐張郃、高覽回寨證對是非，先於袁紹前譖曰：「張郃、高覽見主公兵敗，心中必喜。」紹曰：「何出此言乎？」圖曰：「二人素有降曹之意，今遣擊寨，故意不肯用力，以致損折士卒。」紹大怒，遂遣使急召二人歸寨問罪。郭圖先使人報二人云：「主公將殺汝矣。」及紹使至，高覽問曰：「主公喚我等爲何？」使者曰：「不知何故。」覽遂拔劍斬來使。郃大驚。覽曰：「袁紹聽信讒言，必爲曹操所擒；吾等豈可坐而待死？不如去投曹操。」郃曰：「吾亦有此心久矣。」（摘自《三國演義》第三十回：戰官渡本初敗績，劫烏巢孟德燒糧）

官渡之戰期間，曹軍因為缺糧而陷入困境，但就在山窮水盡之際，卻出現了柳暗花明的契機——袁紹的部屬許攸叛變投靠曹營，並提供重要情資，告知曹操袁軍的糧草囤放在烏巢，讓曹軍著手進行夜襲烏巢的計畫。

就在曹軍進行劫糧沒多久，袁紹那邊收到了烏巢被襲的消息，其中將領張郃提議願與另外一名將領高覽領兵去救援烏巢，但袁紹底下的一位幕僚郭圖卻提出不同的意見；他認為應該趁曹軍夜襲烏巢、營寨空虛之際派兵去攻打曹營，仿效兵法「圍魏救趙」之策，以解烏巢之危。

張郭二人甚至還因意見相左而爭執了起來，張認為曹操深知兵法，一定會留兵提防劫營，但郭卻認為曹操只顧劫糧，無暇提防——最終袁紹決定採取折衷的作法，派張高二將去攻曹營，派蔣奇去救援烏巢。

然而，郭圖「圍魏救趙」的計策卻失效，張高二人帶領的軍士被曹操預留的伏兵襲擊，烏巢也失守。這時郭圖為了轉移獻策錯誤的焦點，竟誣陷張高二人有降曹之意，才會導致襲營失敗。

這個造謠中傷的作為彷彿等同於在同志背後開槍，張高二人為求自保叛逃到曹營，也成了袁紹在官渡之戰後兵敗如山倒的主因——為何郭當時會不顧大局、暗算背刺同志呢？他究竟謀的是什麼？

要得知郭的動機，得從他的過往說起。郭本來是跟隨著冀州牧韓馥，但他在韓之下卻又不挺韓，反倒夥同自己的同僚力勸韓將冀州牧的位置讓給袁紹。

會董卓入關，紹還軍延津，使外甥陳留高幹及馥所親穎川辛評、荀諶、郭圖等說馥曰：「公孫瓚將燕、代之卒乘勝來南，而諸郡應之，其鋒不可當。袁車騎引軍東向，其意未可量也。竊為將軍危之！」馥懼，曰：「然則為之奈何？」諶曰：「君自料寬仁容眾為天下所附，孰與袁氏？」馥曰：「不如也。」「監危吐決，智勇過人，又孰與袁氏？」馥曰：「不如也。」諶曰：「袁氏一時之傑，將軍資三不如之勢，久處其上，彼必不為將軍下也。夫冀州，天下之重資也，彼若與公孫瓚並力取之，危亡可立而待也。夫袁氏，將軍之舊，且為同盟，當今之計，若舉冀州以讓袁氏，彼必厚德將軍，瓚亦不能與之爭矣。是將軍有讓賢之名，而身安於泰山也。」馥性恇怯，因然其計。（摘自《資治通鑑》卷六十）

等到韓失勢後，郭再接受袁的邀請，為其效力，以謀求一個軍師的職位。為了謀求私利，可以反背自己的主子，跟敵人偷來暗去——由此觀之，郭從背後開槍的行為早有跡可循，而後在官渡之戰不顧大局、暗算背刺同志的作為也就不足為奇了。

五二一　急需盟軍的團體怎得不到關係緊密的郭援？

春，正月，曹操軍譙，遂至浚儀，治睢陽渠。遣使以太牢祀橋玄。進軍官渡。

袁紹自軍敗，慚憤，發病嘔血；夏，五月，薨。初，紹有三子：譚、熙、尚。紹後妻劉氏愛尚，數稱於紹。紹欲以為後，而未顯言之。乃以譚繼兄後，出為青州刺史。沮授諫曰：「世稱萬人逐兔，一人獲之，貪者悉止，分定故也。譚長子，當為嗣，而斥使居外，禍其始此矣。」紹曰：「吾欲令諸子各據一州，以視其能。」於是以中子熙為幽州刺史，外甥高幹為并州刺史。逄紀、審配素為譚所疾，辛評、郭圖皆附於譚，而與配、紀有隙。及紹薨，眾以譚長，欲立之。配等恐譚立而評等為害，遂矯紹遺命，奉尚為嗣。譚至，不得立，自稱車騎將軍，屯黎陽。尚少與之兵，而使逄紀隨之。譚求益兵，審配等又議不與。譚怒，殺逄紀。秋，九月，曹操渡河攻譚。譚告急於尚，尚留審配守鄴，自將助譚，與操相拒。連戰，譚、尚數敗，退而固守。尚遣所置河東太守郭援，與高幹、匈奴南單于共攻河東，發使與關中諸將馬騰等連兵，騰等陰許之，援所經城邑皆下。河東郡吏賈逵守絳，援攻之急；城將潰，父老與援約，不害逵乃降，援許之。援欲使逵為將，以兵劫之，逵不動。左右引逵使叩頭，逵叱之曰：「安有國家長吏為賊叩頭！」援怒，將斬之，或伏其上以救之。絳吏民聞將殺逵，皆乘城呼曰：「負約殺我賢君，寧俱死耳！」乃困於壺關，著土窖中，蓋以車輪。逵謂守者曰：「此間無健兒邪，而使義士死此中乎？」有祝公道者，適聞其言，乃夜往，盜引出逵，折械遣去，不語其姓名。

曹操使司隸校尉鍾繇圍南單于於平陽，未拔而援至。繇使新豐令馮翊張既說馬騰，爲言利害。騰疑未決。傅幹說騰曰：「古人有言『順道者昌，逆德者亡』，曹公奉天子誅暴亂，法明政治，上下用命，可謂順道矣。袁氏恃其強大，背棄王命，驅胡虜以陵中國，可謂逆德矣。今將軍既事有道，不盡其力，陰懷兩端，欲以坐觀成敗；吾恐成敗既定，奉辭責罪，將軍先爲誅首矣！」於是騰懼。幹因曰：「智者轉禍爲福。今曹公與袁氏相持，而高幹、郭援合攻河東。曹公雖有萬全之計，不能禁河東之不危也。將軍誠能引兵討援，內外擊之，其勢必舉。是將軍一舉，斷袁氏之臂，解一方之急，曹公必重德將軍，將軍功名無與比矣。」騰乃遣子超將兵萬餘人與繇會。初，諸將以郭援眾盛，欲釋平陽去。鍾繇曰：「袁氏方強，援之來，關中陰與之通，所以未悉叛者，顧吾威名故耳。若棄而去，示之以弱，所在之民，誰非寇仇？縱吾欲歸，其得至乎？此爲未戰先自敗也。且援剛愎好勝，必易吾軍，若渡汾爲營，及其未濟擊之，可大克也。」援至，果徑前渡汾，眾止之，不從。濟水未半，繇擊，大破之。戰罷，眾人皆言援死而不得其首。援，繇之甥也。晚後，馬超校尉南安龐德，於鞬中出一頭，繇見之而哭。德謝繇，繇曰：「援雖我甥，乃國賊也，卿何謝之有！」南單于遂降。（摘自《資治通鑑》卷六十四）

郭援是袁紹之子袁尙的部下，但他也是曹操部下鍾繇的外甥。正當曹操掃蕩北方勢力之時，袁尙派郭援去攻打河東，後來與曹軍鍾繇相對峙——眞是造化弄人，舅舅與外甥兩人竟然在戰場上相互爲敵。

急需盟軍的曹營找上西涼軍馬騰，馬騰派出龐德夾擊郭援，在兩邊圍攻下，最終郭援戰死。鍾繇見到自己的外甥慘死，也止不住悲痛之情，放聲大哭。

起初筆者看到這段歷史，心中不禁感到納悶：怪了，明明曹營急需盟軍，而且郭跟鍾的關係這麼緊密，那何不直接派鍾去遊說郭投降就好，有需要搞到舅舅與外甥相互廝殺的局面？

筆者認爲這樣的結局很可能是起因於之前郭援說話不算話的緣故。在郭援與他叔叔鍾繇對戰之前，打下河東的他曾對河東的民眾許諾不殺害郡吏賈逵；但後來賈逵不願爲郭援效力，且拒絕向他磕頭，郭援因而打算毀約殺死賈逵；即便賈逵幸運逃脫，免於一死，但郭援說話不算話的形象已經深植人心。

作爲郭援舅舅的鍾繇更是瞭然於心，還更進一步看出年輕氣盛的郭援剛愎好勝，必定會莽撞行事，壞了大事，所以才沒有積極利用舅甥這樣緊密的關係去整合郭援。

話說回來，就算鍾繇願意開口釋出善意整合，但年輕氣盛的郭援也未必願意接受，簡單講，一邊是整合的意願與能力不足，另一邊是慣性食言無法讓人信任，才會導致這樣的悲劇發生。

五二二　郭永不放棄追逐權力的心態是否令人作嘔？

文德郭皇后，安平廣宗人也。祖世長吏。《魏書》曰：父永，官至南郡太守，謚敬侯。母姓董氏，即堂陽君，生三男二女：長男浮，高唐令，次女昱，次即后，后弟都，弟成。后以漢中平元年三月乙卯生，生而有異常。后少而父永奇之曰：「此乃吾女中王也。」遂以女王爲字。（摘自《三國志》魏書）

文德郭皇后，名不詳，字「女王」，魏文帝曹丕之妾，後成爲皇后。郭女王的字是由他父親郭永取的，由於郭皇后自小聰慧異於常人，當時郭永大爲驚嘆：「這乃我家女中之王」，故以女王爲字。

當筆者得知這個典故，一方面覺得有趣，另一方面卻也覺得郭永這個人追逐權力的慾望實在太過強烈。

追逐權力不是什麼滔天大罪，畢竟郭永從事政治工作，會有權力慾望也是十分正常合理，但是連替自己女兒取名都不放棄追逐權力的心態眞的頗令人作嘔；更別提在君主專制的年代，竟敢如此大不諱地表露自己追逐權力的心態，更可以看出郭永這個人膽大妄爲。

筆者推測也許是當時的郭永年輕氣盛，才會如此毫無掩飾地把自己追逐權力的心態赤裸裸地展露在世人面前吧！不過他的女兒也的確爭氣，最終成爲皇后，也算達成了郭的心願，滿足了他的權力慾望。

五二三　為何郭董沒被優先考慮給予領導國家重任？

眾將正慌亂間，忽尚書李福又至；見孔明昏絕，口不能言，乃大哭曰：「我誤國家之大事也！」須臾，孔明復醒，開目遍視；見李福立於榻前，孔明曰：「吾已知公復來之意也。」福謝曰：「福奉天子命，問丞相身後，誰可任大事者。適因匆遽，失於諮請，故復來耳。」孔明曰：「吾死之後，可任大事者：蔣公琰其宜也。」福曰：「公琰之後，誰可繼之？」孔明曰「：費文偉可繼之。」福又問：「文偉之後，誰當繼者？」

孔明不答。眾將近前視之，已薨矣。（摘自《三國演義》第一〇四回：隕大星漢丞相歸天，見木像魏都督喪膽）

諸葛亮在最後一次北伐中，因為積勞成疾，最終不幸身故，在臨終之前，他曾留下遺言，優先指定蔣琬（蔣公琰）和費禕（費文偉）作為他的接班人，卻沒提及頗具政治實力的郭攸之和董允二人。

為何諸葛亮會優先考慮將國家大任交給蔣費，而非郭董呢？這實在是令人費解，畢竟再怎麼樣，郭董也曾在《出師表》中被諸葛亮提及是優秀的人才啊。

侍中侍郎郭攸之、費禕、董允等，此皆良實，志慮忠純，是以先帝簡拔以遺陛下。愚以為宮中之事，事無大小，悉以咨之，然後施行，必得裨補闕漏，有所廣益。（摘自《出師表》）

光看內文，甚至還可以發現郭的排名還在費之前，蔣甚至還沒被提及，那究竟為何郭董沒被優先考慮給予領導國家重任？

要知道答案，筆者認為得從郭董的背景來分析。首先來看郭，郭曾被蜀漢名臣廖立批評是平庸之才，難以擔當大任。

中郎郭演長，從人者耳，不足與經大事，而作侍中。（摘自《三國志・蜀書》卷四十・廖立傳）

要知道廖立這人可是被諸葛亮認定能與「鳳雛」龐統相提並論的良才（註一），這人的評斷肯定相當具說服力。換言之，郭的才能就是平庸，難怪諸葛亮評定接班人時沒有優先考慮郭。

至於董沒被優先考慮當作接班人，筆者認為很可能是因為董的出身背景。

董和字幼宰，南郡枝江人也，其先本巴郡江州人。漢末，和率宗族西遷，益州牧劉璋以為

牛鞞、江原長、成都令。（摘自《三國志．蜀書》卷三十九．董和傳）

董和是董允的父親，董和是荊州南郡人，但祖先卻是益州巴郡人；祖先不知何故遷徙到荊州，但到了董和這代，卻又率領宗族回到益州。

筆者認爲這點很可能是董允沒被優先考慮賦予領導國家重任的關鍵原因，畢竟古代地域觀念很重，人跟人之間的往來很重視同鄉情誼，那麼董氏一族把益州當成想走就走，想來就來的地方，這樣要如何得到益州當地人的認同？

總結來說，郭才能平庸，董不安於室，這樣看來，郭董不被優先考慮賦予領導國家重任的結果也就不足爲奇了。

註一：

先主入蜀，諸葛亮鎮荊土，孫權遣使通好於亮，因問士人皆誰相經緯者，亮答曰：「龐統、廖立，楚之良才，當贊興世業者也。」（摘自《三國志．蜀書》卷四十．廖立傳）

五二四　那人膽敢打破三強鼎立的局面全憑父是康？

卻說公孫淵乃遼東公孫度之孫，公孫康之子也。建安十二年，曹操追袁尙，未到遼東，康斬尙首級獻操，操封康爲襄平侯，後康死，有二子：長曰晃，次曰淵，一皆幼；康弟公孫恭繼職。曹丕時封恭爲車騎將軍襄平侯。太和二年，淵長大，文武兼備，性剛好鬥，奪其叔公孫恭之位，曹叡封淵爲揚烈將軍遼東太守。後孫權遣張彌、許宴齎金寶珍玉赴遼東，封淵爲燕王。淵懼中原，乃斬張、許二人，送首與曹叡。叡封淵爲大司馬樂浪公。淵心不足，與衆商議，自號爲燕王，改元紹漢元年。副將賈範諫曰：「中原待主公以上公之爵，不爲卑賤；今若背反，實爲不順。更兼司馬懿善能用兵，西蜀諸葛武侯且不能取勝，何況主公呼？」（摘自《三國演義》第一〇六回：公孫淵兵敗死襄平，司馬懿詐病賺曹爽）

公孫康本是遼東太守，但死後因爲兩個兒子公孫晃和公孫淵年紀還小，於是遼東太守由康之弟公孫恭繼承，但沒想到長大後的公孫淵居然奪其叔父公孫恭遼東太守的位置。在演義當中並沒有提及公孫淵奪位的詳細情節，不過在《三國志》魏書的公孫淵傳中有提到：

初，恭病陰消爲閹人，劣弱不能治國。太和二年，淵脅奪恭位。

公孫恭因爲罹患糖尿病（即陰消），身體變得孱弱（史書甚至用了「閹人」一詞，很可能是喪失性能力的說法）；成年的公孫淵遂藉機奪取遼東太守一職。

看到這裡，筆者不禁好奇：公孫淵這人膽敢挑戰無能地方首長是否全憑父是康？

經過一番思索，筆者認爲答案是肯定的，若非父是康，公孫淵怎會甘冒大不諱，逼退自己的叔父？就因爲父是康，才給了公孫淵勇氣去挑戰無能地方首長公孫恭。而這股勇氣更讓公孫淵在後來自立爲燕王，想要打破三強鼎立的僵局、締造四強鼎立的新局。

筆者認爲公孫淵會選擇稱王，應該是他認爲這個時機點是稱王的 Good Timing，但諷刺的是，公孫淵稱王的時機點恰巧是個 Bad Timing 啊！

那時正値諸葛亮命喪五丈原，蜀國元氣大傷之際，正好給了魏國能全心去應付遼東的機會。後來又與盟友東吳撕破臉（註一），跟另外一強的阿備陣營距離也太遠，根本無法合作，以至於四強鼎立的局勢曇花一現。

只能說父是康的這個傢伙政治判斷能力太差，那時機稱王絕非 Good Timing 的正確選擇。不知道他在大舉潰敗的瞬間，會不會懊悔自己年輕氣盛，一時衝動，才會做出這樣錯誤的決定呢？

註一：

明帝即（位）拜淵揚烈將軍、遼東太守。淵遣使南通孫權，往來賂遺。權遣使張彌、許晏等，齎金玉珍寶，立淵爲燕王。淵亦恐權遠不可恃，且貪貨物，誘致其使，悉斬送彌、晏等首。（摘自《三國志・魏書・公孫淵傳》）

五二五　老虎軍團會被打壓全因帶頭的人想登大位？

讀畢，歃血。眾因其辭氣慷慨，皆涕泗橫流。歃血已罷，下壇。眾扶紹升帳而坐，兩行依爵位年齒分列坐定。操行酒數巡，言曰：「今日既立盟主，各聽調遣，同扶國家，勿以強弱計較。」袁紹曰：「紹雖不才，既承公等推爲盟主，有功必賞，有罪必罰。國有常刑，軍有紀律；各宜遵守，勿得違犯。」眾皆曰：「惟命是聽。」紹曰：「吾弟袁術總督糧草，應付諸營，無使有缺。更須一人爲先鋒，直抵汜水關挑戰。餘各據險要，以爲接應。」

長沙太守孫堅出曰：「堅願爲前部。」紹曰：「文臺勇烈，可當此任。」堅遂引本部人馬殺奔汜水關來。守關將士，差流星馬往洛陽丞相府告急。董卓自專大權之後，每日飲宴。李儒接得告急文書，逕來稟卓。卓大驚，急聚眾將商議。溫侯呂布挺身出曰：「父親勿慮：關外諸侯，布視之如草芥。願提虎狼之師，盡斬其首，懸於都門。」卓大喜曰：「吾有奉先，高枕無憂矣！」

言未絕，呂布背後一人高聲出曰：「『割雞焉用牛刀？』不勞溫侯親往。吾斬眾諸侯首級，如探囊取物耳。」卓視之，其人身長九尺，虎體狼腰，豹頭猿臂：關西人也；姓華，名雄。卓聞言大喜，加爲驍騎校尉，撥馬步軍五萬，同李肅，胡軫，趙岑星夜赴關迎敵。

眾諸侯內有濟北相鮑信，尋思孫堅既爲前部，怕他奪了頭功，暗撥其弟鮑忠，先將馬步軍三千，逕抄小路，直到關下搦戰。華雄引鐵騎五百，飛下關來，大喝：「賊將休走！」鮑忠急待退，被華雄手起刀落，斬於馬下，生擒將校極多。華雄遣人將鮑忠首級來相府報捷，卓加雄爲都督。

卻說孫堅引四將直至關前。那四將：第一個，右北平土垠人：姓程，名普，字德謀，使一條鐵脊蛇矛；第二個，姓黃，名蓋，字公覆，零陵人也，使鐵鞭；第三個，姓韓，名當，字義公，遼西令支人也，使一口大刀；第四個，姓祖，名茂，字大榮，吳郡富春人也，使雙刀。孫堅披爛銀鎧，裹赤幘，橫古錠刀，騎花鬃馬，指關上而罵曰：「助惡匹夫，何不早降！」

華雄副將胡軫引兵五千出關迎戰。程普飛馬挺矛，直取胡軫。鬥不數合，程普刺中胡軫咽喉，死於馬下。堅揮軍直殺至關前，關上矢石如雨。孫堅引兵回至梁東屯住，使人於袁紹處報捷，就於袁術處催糧。

或說術曰：「孫堅乃江東猛虎；若打破洛陽，殺了董卓，正是除狼而得虎也。今不與糧，彼軍必散。」術聽之，不發糧草。孫堅軍缺食，軍中自亂，細作報上關來。李肅爲華雄謀曰：「今夜我引一軍從小路下關，襲孫堅寨後，將軍擊其前寨，堅可擒矣。」

雄從之，傳令軍士飽餐，乘夜下關。是夜月白風清。到堅寨時，已是半夜，鼓譟直進。堅慌忙披掛上馬，正遇華雄。兩馬相交，鬥不數合，後面李肅軍到，令軍士放起火來。堅軍亂竄。眾將各自混戰，止有祖茂跟定孫堅，突圍而走。（摘自《三國演義》第五回：發矯詔諸鎮應曹公，破關兵三英戰呂布）

孫堅，有「江東之虎」的稱號，故筆者稱其帶領的軍隊爲「老虎軍團」，「老虎軍團」加入在野大聯盟後，想要有所表現，故「老虎軍團」的首領自願擔任先鋒，一開場隨即挫了董卓軍銳氣。

然而，這樣的好表現卻引來袁術的猜忌，開始提防甚至打壓「老虎軍團」，故意不發軍糧，導致「老虎軍團」嘗到敗績——亟欲替團體立功的「老虎軍團」卻遭到高層的猜忌與提防，這究竟是怎麼一回事？

筆者猜想，大概就如演義中所寫的那樣，「老虎軍團」首領的野心外露，讓高層不得不提防他。

即便有人會認爲是袁術本人氣度狹小，不能容物，但袁術的判斷其實相當正確，「老虎軍團」的首領在日後果然顯露出野心。

卻說眾諸侯分屯洛陽。孫堅救滅宮中餘火，屯兵城內，設帳於建章殿基上。堅令軍士掃除宮殿瓦礫。凡董卓所掘陵寢，盡皆掩閉。於太廟基上，草創殿屋三間，請眾諸侯立列聖神位，宰太牢祀之。祭畢，皆散。堅歸寨中，是夜星日交輝，乃按劍露坐，仰觀天文。見紫微垣中白氣漫漫，堅歎曰：「帝星不明，賊臣亂國，萬民塗炭，京城一空！」言訖，不覺淚下。

傍有軍士指曰：「殿南有五色豪光起於井中。」堅喚軍士點起火把，下井打撈。撈起一婦人屍首，雖然日久，其屍不爛，宮樣裝束，項下帶一錦囊。取開看時，內有硃紅小匣，用金鎖鎖著。啓視之，乃一玉璽：方圓四寸。上鐫五龍交紐；傍缺一角，以黃金鑲之；上有篆文八字云：「受命於天，既壽永昌」。

堅得璽，乃問程普。普曰：「此傳國璽也。此玉是昔日卞和於荊山之下，見鳳凰棲於石上，載而進之楚文王。解之，果得玉。秦二十六年，令玉工琢為璽，李斯篆此八字於其上。二十八年，始皇巡狩至洞庭湖，風浪大作，舟將覆，急投玉璽於湖而止。至三十六年，始皇巡狩至華陰，有人持璽遮道，與從者曰：『持此還祖龍。』言訖不見。此璽復歸於秦。明年，始皇崩。後來子嬰將玉璽獻與漢高祖。後至王莽篡逆，孝元皇太后將璽打王尋、蘇獻，崩其一角，以金鑲之。光武得此寶於宜陽，傳位至今。近聞十常侍作亂，劫少帝出北邙，回宮失此寶。今天授主公，必有登九五之分。此處不可久留，宜速回江東，別圖大事。」堅曰：「汝言正合吾意。明日便當託疾辭歸。」商議已定，密諭軍士勿得洩漏。（摘自《三國演義》第六回：焚金闕董卓行兇，匿玉璽孫堅背約）

「老虎軍團」的首領一撿到玉璽，隨即就冒出登大位的野心，讓之前一心與執政當局對幹且心繫社稷的愛國情操顯得格外諷刺。

無奈造化弄人，由於「老虎軍團」的首領年輕氣盛，一時衝動，在之後討伐劉表的戰役中不慎敗北，壯志未酬，徒留遺憾。

卻說孫堅分兵四面，圍住襄陽攻打。忽一日，狂風驟起，將中軍帥字旗竿吹折。韓當曰：「此非吉兆，可暫班師。」堅曰：「吾屢戰屢勝，取襄陽只在旦夕；豈可因風折旗竿，遽爾罷兵！」遂不聽韓當之言，攻城愈急。蒯良謂劉表曰：「某夜觀天象，見一將星欲墜。以分野度之，當應在孫堅。主公可速致書袁紹，求其相助。」

劉表寫書，問誰敢突圍而出。健將呂公，應聲願往。蒯良曰：「汝既敢去，可聽吾計，與汝軍馬五百，多帶能射者衝出陣去，即奔峴山。他必引軍來趕，汝分一百人上山，尋石子準備；一百人執弓弩伏於林中。但有追兵到時，不可逕走；可盤旋曲折，引到埋伏之處，矢石俱發。若能取勝，放起連珠號砲，城中便出接應。如無追兵，不可放砲，趕程而去。今夜月不甚明，黃昏便可出城。」

呂公領了計策，拴束軍馬。黃昏時分，密開東門，引兵出城。孫堅在帳中，忽聞喊聲，急上馬引三十餘騎，出營來看。軍士報說：「有一彪人馬殺將出來，望峴山而去。」堅不會諸將，只引三十餘騎趕來。呂公已於山林叢雜去處，上下埋伏。堅馬快，單騎獨來，前軍不遠。堅大叫：「休走！」呂公勒回馬來戰孫堅。交馬只一合，呂公便走，閃入山路去。堅隨後趕入，卻不見呂公。堅方欲上山，忽然一聲鑼響，山上石子亂下，林中亂箭齊發。堅身中石箭，腦漿迸流，人馬皆死於峴山之內；壽止三十七歲。（摘自《三國演義》第七回：袁紹磐河戰公孫，孫堅跨江擊劉表）

看到這裡，筆者也不禁感嘆，倘若「老虎軍團」的首領能夠修正自己衝動的性格，並且適度地隱藏野心，等待 Good Timing 再全力出擊，也許結果就會有所不同；只能說 Timing 的選擇十分重要啊。

五二六　為何對抗中央的在野大聯盟會以失敗告終？

時袁紹得操矯詔，乃聚麾下文武，引兵三萬，離渤海來與曹操會盟。操作檄文以達諸郡。檄文曰：

操等謹以大義布告天下：董卓欺天罔地，滅國弒君；穢亂宮禁，殘害生靈；狼戾不仁，罪惡充積！今奉天子密詔，大集義兵，誓欲掃清華夏，剿戮群凶。望興義師，共洩公憤；扶持王室，拯救黎民。檄文到日，可速奉行！

操發檄文去後，各鎮諸侯，皆起兵相應：

第一鎮，後將軍南陽太守袁術。第二鎮，冀州刺史韓馥。第三鎮，豫州刺史孔伷。第四鎮，兗州刺史劉岱。第五鎮，河內郡太守王匡。第六鎮，陳留太守張邈。第七鎮，東郡太守喬瑁。第八鎮，山陽太守劉遺。第九鎮，濟北相鮑信。第十鎮，北海太守孔融。第十一鎮，廣陵太守張超。第十二鎮，徐州刺史陶謙。第十三鎮，西涼太守馬騰。第十四鎮，北平太守公孫瓚。第十五鎮，上黨太守張楊。第十六鎮，烏程侯長沙太守孫堅。第十七鎮，祁鄉侯渤海太守袁紹。諸路軍馬，少不等，一有三萬者，有一二萬者一，各領文官武將，投洛陽來。（摘自《三國演義》第五回：發矯詔諸鎮應曹公，破關兵三英戰呂布）

自從統領西涼軍隊的董卓進洛陽亂政之後，各地諸侯響應曹操等人的號召，一同舉兵討伐董卓，共計十八路地方諸侯（包含曹操軍團），組成「在野大聯盟」，與中央對抗。

次日，人報曹操追董卓，戰於滎陽，大敗而回。紹令人接至寨中，會眾置酒，與操解悶。飲宴間，操歎曰：「吾始興大義，爲國除賊。諸公既仗義而來，操之初意，欲煩本初引河內之眾，臨孟津，酸棗；諸君固守成皋，據廒倉，塞轘轅、大谷，制其險要；公路率南陽之軍，駐丹、析，入武關，以震三輔：皆深溝高壘，勿與戰，益爲疑兵，示天下形勢，以順誅逆，可立定也。今遲疑不進，大失天下之望。操竊恥之！」紹等無言可對。

既而席散，操見紹等各懷異心，料不能成事，自引軍投揚州去了。公孫瓚謂玄德、關、張曰：「袁紹無能爲也，久必有變。吾等且歸。」遂拔寨北行。至平原，令玄德爲平原相，自去守地養軍。兗州太守劉岱，問東郡太守喬瑁借糧；瑁推辭不與，岱引軍突入瑁營，殺死喬瑁，盡降其眾。袁紹見眾人各自分散，就領兵拔寨，離洛陽，投關東去了。（摘自《三國演義》第六回：焚金闕董卓行兇，匿玉璽孫堅背約）

然而，看似聲勢浩大的「在野大聯盟」最後卻以失敗告終——這究竟是怎麼一回事？筆者認爲失敗的原因有很多，一一列舉如下：

第一，韓是草包——冀州刺史韓馥，雖然底下有大批群眾，但本人曾被袁紹底下的謀士逢紀評為庸才，即便聲望頗高，卻仍難掩草包的本質。

第二，喬王毫無作用——東郡太守喬瑁和河內太守王匡徒有盛名，卻幾近毫無貢獻。

第三，「老虎軍團」首領野心太大，且年輕氣盛，太過衝動，遭到排擠——素有「江東之虎」稱號的孫堅，他帶領的軍隊雖然勇猛，但首領野心太大，遭到高層猜忌打壓，使「老虎軍團」難以帶領「在野大聯盟」在這場對抗中央的決戰中取勝。

第四，「阿備」被無視邊緣化——後期三分天下得其一的劉備竟然在十八路諸侯當中完全看不到名號，明顯被無視邊緣化。

除了上述的原因之外，筆者認為「在野大聯盟」領頭的袁紹才是最該為這場失敗負責的諸侯。袁紹為眾諸侯當中聲望最高的一人，因而被推舉為首領，但他缺乏領導人的風範與性格，無法壓制團體內的內鬥，甚至自己本身也參與內鬥，才會造成「在野大聯盟」虎頭蛇尾的頹勢。

像是袁紹為了避免「老虎軍團」的首領坐大，進而有登大位的野心，竟然不顧「老虎軍團」先前的貢獻，在此時出手打壓：

堅得璽，乃問程普。普曰：「此傳國璽也。此玉是昔日卞和於荊山之下，見鳳凰棲於石上，載而進之楚文王。解之，果得玉。秦二十六年，令玉工琢為璽，李斯篆此八字於其上。二十八年，始皇巡狩至洞庭湖，風浪大作，舟將覆，急投玉璽於湖而止。至三十六年，始皇巡狩至華陰，有人持璽遮道，與從者曰：『持此還祖龍。』言訖不見。此璽復歸於秦。明年，始皇崩。後來子嬰將玉璽獻與漢高祖。後至王莽篡逆，孝元皇太后將璽打王尋，蘇獻，崩其一角，以金鑲之。光武得此寶於宜陽，傳位至今。近聞十常侍作亂，劫少帝出北邙，回宮失此寶。今天授主公，必有登九五之分。此處不可久留，宜速回江東，別圖大事。」堅曰：「汝言正合吾意。明日便當託疾辭歸。」商議已定，密諭軍士勿得洩漏。

誰想數中一軍，是袁紹鄉人，欲假此為進身之計，連夜偷出營寨，來報袁紹。紹與之賞賜，暗留軍中。次日，孫堅來辭袁紹曰：「堅抱小疾，欲歸長沙，特來別公。」紹笑曰：「吾知公疾乃害傳國璽耳。」堅失色曰：「此言何來？」紹曰：「今興民討賊，為國除害。玉璽乃朝廷之寶，公既獲得，當對眾留盟主處，候誅了董卓，復歸朝廷。今匿之而去，意欲何為？」堅曰：「玉璽何由在吾處？」紹曰：「建章殿井中之物何在？」堅曰：「吾本無之，何強相逼？」紹曰：「作速取出，免自生禍。」堅指天為誓曰：「吾若果得此寶，私自藏匿，異日不得善終，死於刀箭之下！」眾諸侯曰：「文臺如此說誓，想必無之。」紹喚軍士出曰：「打撈之時，有此人否？」堅大怒，拔所佩之劍，要斬那軍士。紹亦拔劍曰：「汝斬軍士，乃欺我也。」紹背後顏良、文醜皆拔劍出鞘。堅背後程普，黃蓋，韓當，亦掣刀在手。眾諸侯一齊勸住。堅隨即上馬，拔寨離洛陽而去。紹大怒，遂寫書一封，差心腹人連夜往荊州，送與刺史劉表，教就路上

截住奪之。（摘自《三國演義》第六回：焚金闕董卓行兇，匿玉璽孫堅背約）

看到袁紹荒腔走板的作爲，筆者不禁做了個惡趣味的聯想：袁，讀音同「猿」，猿也就是猴子；猴子雖然才能不出眾，卻靠著累積的聲望，被眾人推舉爲首領，但爲了捍衛自己的領導權，猴子必須處處提防著實力堅強的老虎，不能讓他有染指這個團體的機會。

正所謂「山中無老虎，猴子稱大王」，面臨到這種窘境，也難怪「在野大聯盟」劍指中央的討伐行動會後繼乏力，日後會解體的未來也是可以預見的。

五二七 懷有二心背叛李的宋果真是被李害死的嗎？

卻說李傕平日最喜左道妖邪之術，常使女巫擊鼓降神於軍中，賈詡屢諫不聽。侍中楊琦密奏帝曰：「臣觀賈詡雖為李傕腹心，然實未嘗忘君，陛下當與謀之。」

正說之間，賈詡來到。帝乃屛退左右泣諭詡曰：「卿能憐漢朝，救朕命乎？」詡拜伏於地曰：「固臣所願也。陛下且勿言，臣自圖之。」帝收淚而謝。

少頃，李傕來見，帶劍而入。帝面如土色。傕謂帝曰：「郭汜不臣，監禁公卿，欲劫陛下。非臣則駕被擄矣。」帝拱手稱謝，傕乃出。時皇甫酈入見帝。帝知酈能言，又與李傕同鄉，詔使往兩邊解和。酈奉詔，走至汜營說汜。汜曰：「如李傕送出天子，我便放出公卿。」

酈即來見李傕曰：「今天子以某是西涼人，與公同鄉，特令某來勸和二公。汜已奉詔，公意若何？」傕曰：「吾有敗呂布之大功，輔政四年，多著勳績，天下共知。郭亞多盜馬賊耳，乃敢擅劫公卿，與我相抗，誓必誅之！君試觀我方略士眾，足勝郭亞多否？」酈答曰：「不然：昔有窮后羿，恃其善射，不思患難，以致滅亡。近董太師之強，君所目見也，呂布受恩而反圖之，斯須之間，頭懸國門。則強固不足恃矣。將軍身為上將，持鉞仗節，子孫宗族，皆居顯位，國恩不可謂不厚。今郭亞多劫公卿，而將軍劫至尊，果誰輕誰重耶？」

李傕大怒，拔劍叱曰：「天子使汝來辱我乎？我先斬汝頭！」騎都尉楊奉諫曰：「今郭汜未除，而殺天使，則汜興兵有名，諸侯皆助之矣。」賈詡亦力勸，傕怒少息。詡遂推皇甫酈出。酈大叫曰：「李傕不奉詔，欲弒君自立！」侍中胡邈急止之曰：「無出此言！恐於身不利。」酈叱之曰：「胡敬才！汝亦為朝廷之臣，如何附賊？『君辱臣死』吾被李傕所殺，乃分也！」大罵不止。帝知之，急令皇甫酈回西涼。

卻說李傕之軍，大半是西涼人氏，更賴羌兵為助。卻被皇甫酈揚言於西涼人曰：「李傕謀反，從之者即為賊黨，後患不淺。」西涼人多有聽酈之言，軍心漸渙。傕聞酈言，大怒，差虎賁王昌追之。昌知酈乃忠義之士，竟不往追，只回報曰：「酈已不知何往矣。」賈詡又密諭羌人曰：「天子知汝等忠義，久戰勞苦，密詔使汝還郡，後當有重賞。」羌人正怨李傕不與爵賞，遂聽詡言，都引兵去。

詡又密奏帝曰：「李傕貪而無謀，今兵散心怯，可以重爵餌之。」帝乃降詔，封傕為大司馬。傕喜曰：「此女巫降神祈禱之力也！」遂重賞女巫，卻不賞軍將。騎都尉楊奉大怒，謂宋果曰：「吾等出生入死，身冒矢石，功反不及女巫耶？」宋果曰：「何不殺此賊，以救天子？」奉曰：「你於中軍放火為號，吾當引兵外應。」二人約定是夜二更時分舉事。不料其事不密，有人報知李傕。傕大怒，令人擒宋果先殺之。楊奉引兵在外，不見號火。李傕自將兵出，恰遇楊奉，就寨中混戰到四更。奉不勝，引軍投西安去了。（摘自《三國演義》第十三回：李傕郭汜大交兵，楊奉董承雙救駕）

宋果，是東漢末年軍閥李傕的部屬。在小說《三國演義》中，宋懷有二心，與楊奉密謀反叛。宋背叛李的原因，是聽聞楊奉對李褒賞巫女不滿，而宋提議反叛，不過卻東窗事發，反被李殺死。

不過查了正史，裡頭卻只提到宋背叛李，導致李的勢力衰退，並未提到宋的下場。

傕將楊奉與傕軍吏宋果等謀殺傕，事泄，遂將兵叛傕。傕眾叛，稍衰弱。（摘自《三國志・魏書・董二袁劉傳》）

筆者不禁好奇：懷有二心背叛李的宋果眞是被李害死的嗎？翻遍史料，並沒有找到相關資訊，但可以確定的是，宋自此再也無消無息，彷彿消失在東漢政壇之中，政治生命等同被判死刑。

寫到這裡，筆者又不禁好奇：爲何宋要背叛李呢？畢竟在演義當中，對李迷信巫女不滿的人是楊奉，但提議反叛的卻是宋，究竟宋反叛的動機爲何？

筆者認爲很可能是出在宋的宗教信仰，即便筆者不清楚宋信仰哪個宗教，但古人對於鬼神是相當敬畏的，而李迷信巫女、妄稱神諭的作爲很可能讓宋覺得是在褻瀆神明。

或許對宋來說，動什麼都行，就是動神不行。也因李動了神才會導致宋處於不得不反的態勢，連帶後續造成宋被李害死的悲慘下場。

五二八　王是否因為心向敵營，才不幫馬謖離群眾？

卻說馬謖、王平二人兵到街亭，看了地勢。馬謖笑曰：「丞相何故多心也？量此山僻之處，魏兵如何敢來！」王平曰：「雖然魏兵不敢來，可就此五路總口下寨；即令軍士伐木爲柵，以圖久計。」謖曰：「當道豈是下寨之地？此處側邊一山，四面皆不相連，且樹木極廣，此乃天賜之險也。可就山上屯軍。」平曰：「參軍差矣：若屯兵當道，築起城垣，賊兵總有十萬，不能偷過；今若棄此要路，屯兵於山上，倘魏兵驟至，四面圍定，將何策保之？」謖大笑曰：「汝真女子之見！兵法云：『凭人高視下，勢如破竹。』若魏兵到來，吾教他片甲不回！」平曰：「吾累隨丞相經陣，每到之處，丞相盡意指教。今觀此山，乃絕地也。若魏兵斷我汲水之道，軍士不戰自亂矣。」謖曰：「汝莫亂道！孫子云：『置之死地而後生。』若魏兵絕我汲水之道，蜀兵豈不死戰？以一可當百也。吾素讀兵書，丞相諸事尚問於我，汝奈何相阻耶？」平曰：「若參軍欲在山上下寨，可分兵與我，自於山西下一小寨，爲犄角之勢。倘魏兵至，可以相應。」馬謖不從。忽然山中居民，成群結隊，飛奔而來，報說魏兵已到。王平欲辭去。馬謖曰：「汝既不聽吾令，與汝五千兵自去下寨。待吾破了魏兵，到丞相面前須分不得功！」王平引兵離山十里下寨，畫成圖本，星夜差人去稟孔明，具說馬謖自於山上下寨。

卻說司馬懿在城中，令次子司馬昭去探前路；若街亭有兵把守，即當按兵不行。司馬昭奉令探了一遍，回見父曰：「街亭有兵守把。」懿歎曰：「諸葛亮眞乃神人，吾不如也！」昭笑曰：「父親何故自墮志氣耶？男料街亭易取。」懿問曰：「汝安敢出此大言耶？」昭曰：「男親自哨見，當道並無寨柵，軍皆屯於山上，故知可破也。」懿大喜曰：「若兵果在山上，乃天使吾成功矣！」遂更換衣服，引百餘騎親自來看。是夜天晴月朗，直至山下，周圍巡哨了一遍，方回。馬謖在山上見之，大笑曰：「彼若有命，不來圍山。」傳令與諸將：「倘兵來，只見山頂上紅旗招動，即四面皆下。」

卻說司馬懿回到寨中，使人打聽是何將引兵守街亭。回報曰：「乃馬良之弟馬謖也。」懿笑曰：「徒有虛名，乃庸才耳！孔明用如此人物，如何不誤事！」又問：「街亭左右別有軍否？」探馬報曰：「離山十里有王平安營。」懿乃命張郃引一軍，當住王平來路。又令申耽、申儀引兩路兵圍山，先斷了汲水道路；待蜀兵自亂，然後乘勢擊之。當夜調度已定。次日天明，張郃引兵先往背後去了。司馬懿大驅軍馬，一擁而進，把山四面圍定。馬謖在山上看時，只見魏兵漫山遍野，旌旗隊伍，甚是嚴整。蜀兵見之，盡皆喪膽，不敢下山。馬謖將紅旗招動，軍將你我相推，無一人敢動。謖大怒，自殺二將。眾軍驚懼，只得努力下山來衝魏兵。魏兵端然不動。蜀兵又退上山去。馬謖見事不諧，教軍緊守寨門，只等外應。

卻說王平見魏兵到，引軍殺來，正遇張郃；戰有數十餘合，平力窮勢孤，只得退去……

（摘自《三國演義》第九十五回：馬謖拒諫失街亭，武侯彈琴退仲達）

孔明揮淚斬馬謖乃《三國演義》一個相當經典的橋段，由於主將馬謖剛愎自用，不聽副將王平的建言，執意要將軍隊駐紮在山上，結果卻被魏軍包圍，最終街亭失守，令下軍令狀的馬謖依法伏誅。

以上是一般的說法，也是後世對馬謖失街亭的普遍理解。然而，筆者卻有不同的看法。

首先，先看王平這個人。王平本來是魏國將領，卻因故降蜀。

卻說徐晃引軍渡漢水，王平苦諫不聽，渡過漢水紮營。黃忠，趙雲，告玄德曰：「某等各引本部兵去迎曹兵。」玄德應允。二人引兵而行。忠謂雲曰：「今徐晃恃勇而來，且休與敵；待日暮兵疲，你我分兵兩路擊之，可也。」雲然之，各引一軍據住寨柵。徐晃引兵從辰時搦戰，直至申時，蜀兵不動。晃盡教弓弩手向前，望蜀營射去。黃忠謂趙雲曰：「徐晃令弓弩射者，其軍必將退也；可乘時擊之。」

言未已，忽報曹兵後隊，果然退動。於是蜀營鼓聲大震，黃忠領兵左出，趙雲領兵右出。兩下夾攻，徐晃大敗。軍士逼入漢水，死者無數。晃死戰得脫，回營責王平曰：「汝見吾軍勢將危，如何不救？」平曰：「我若來救，此寨亦不能保。我曾諫公休去，公不肯聽，以致此敗。」

晃大怒，欲殺王平。平當夜引本部軍就營中放起火來，曹兵大亂，徐晃棄營而走。王平渡漢水來投趙雲。雲引見玄德。王平盡言漢水地理。玄德大喜曰：「孤得王子均，取漢中無疑

阿瞞兵退斜谷）

矣。」遂命王平爲偏將軍，領鄉導使。（摘自《三國演義》第七十二回：諸葛亮智取漢中，曹

王平出身魏國，後來降蜀，之後與蜀將馬謖一同被派去守街亭，但是王平不聽主將馬謖的指揮，打算自己帶兵到離山十里之處下寨。而當魏軍打來，王也沒有盡全力去搶救被困在山上的馬，幫馬把群眾驅離。

筆者合理懷疑王「蜀皮魏骨」，心向敵營，才會沒替馬解圍，導致街亭一役大敗，也連帶造成了諸葛亮北伐失利，日後蜀漢政權崩壞的骨牌效應。

五二九　鍾會叛變全是因為程序不公又被同志取代？

卻說鍾會正與姜維謀反，忽報司馬昭有書到。會接書，書中言：「吾恐司徒收艾不下，自屯兵於長安；相見在近，以此先報。」會大驚曰：「吾兵多艾數倍，若但要我擒艾，晉公知吾獨能辦之；今日自行兵來，是疑我也。」遂與姜維計議。維曰：「君疑臣則臣必死，豈不見鄧艾乎？」會曰：「吾意決矣。事成則得天下，不成則退西蜀，亦不失作劉備也。」（摘自《三國演義》第一一九回：假投降巧計成虛話，再受禪依樣畫葫蘆）

鍾會，魏國著名將領，生平最大功績是征伐平定蜀國，然而戰績輝煌的他竟然在平定蜀國後叛變，跟「阿伯」姜維走得很近。

鍾會受到司馬昭的大力栽培，照理來說，應該會很忠心才是，爲何會在平定蜀漢後的這個節骨眼反叛呢？

筆者認爲鍾會叛變是因爲不爽被自己的同志鄧艾搶功，再加上鄧艾不守程序偷吃步奇襲，所以不滿程序不公的鍾會才會叛變。

鍾會既受封，即請姜維計議曰：「鄧艾功在吾之上，又封太尉之職；今司馬公疑艾有反志，故令衛瓘爲監軍，詔吾制之，伯約有何高見？」維曰：「愚聞鄧艾出身微賤，幼爲農家養犢，今僥倖自陰平斜徑，攀木懸崖，成此大功，非出良謀，實賴國家洪福耳。若非將軍與維相拒於劍閣，又安能成此功耶？今欲封蜀主爲扶風王，乃大結蜀人之心，其反情不言可見矣。晉公疑之是也。」（摘自《三國演義》第一一八回：哭祖廟一王死孝，入西川二士爭功）

此外，「阿伯」的挑撥也是一個關鍵，讓早有不滿的鍾會選擇依附「阿伯」，決心反叛。只可惜最後鍾會的叛變功敗垂成，鍾會跟「阿伯」都喪生在這場叛變當中。

看到鍾會的下場，筆者也不勝唏噓，別說鍾沒叛變，即便他叛變了，只要他能懸崖勒馬，及時悔悟，或許司馬昭會念在此人過往的功績，放他一馬，期待他能同舟共濟，一起創造美好的未來。只能說鍾被「阿伯」害慘了啊！

五三〇 悽慘到被當眾羞辱，有口吃的鄧艾錯了嗎？

卻說鍾會請姜維計議收鄧艾之策。維曰：「可先令監軍衛瓘收艾。艾欲殺瓘，反情實矣。將軍卻起兵討之，可也。」會大喜，遂令衛瓘引數十人入成都，收鄧艾父子。瓘部卒止之曰：「此是鍾司徒令鄧征西殺將軍，以正反情也。切不可行。」瓘曰：「吾自有計。」遂先發檄文二三十道。其檄曰：「奉詔收艾，其餘各無所問。若早歸來，即加爵賞；敢有不出者，滅三族。」隨備檻車兩乘，星夜望成都而來。

比及雞鳴，艾部將見檄文者，皆來投拜於衛瓘馬前。時鄧艾在府中未起。瓘引數十人突入，大呼曰：「奉詔收鄧艾父子！」艾大驚，滾下床來。瓘叱武士縛於車上。其子鄧忠出問，亦被捉下，縛於車上。府中將吏大驚，欲待動手搶奪，早望見塵頭大起，哨馬報說鍾司徒大兵到了。眾各四散奔走。

鍾會與姜維下馬入府，見鄧艾父子已被縛。會以鞭撻鄧艾之首而罵曰：「養犢小兒，何敢如此！」姜維亦罵曰：「匹夫行險僥倖，亦有今日耶？」艾亦大罵。會將艾父子送赴洛陽。（摘自《三國演義》第一一九回：假投降巧計成虛話，再受禪依樣畫葫蘆）

鄧艾，魏國後期名將，最著名的事蹟有二，一是力抗頻頻北伐的蜀國將領姜維，幾乎可以說是憑藉著一己之力，「扛」了姜維的攻勢；二是與鍾會齊力消滅蜀國。

如果要來細分滅蜀的功勞，鄧艾的功勞應該是大於鍾會的，畢竟靠著鄧艾的奇襲，才得以突破在劍閣與姜維相持不下的僵局，然而，鄧艾的滅蜀的任務看似成功，但卻功虧一簣，自己反被鍾會和姜維暗算，被誣陷有意謀反，淪為階下囚，還被當眾羞辱，最終命喪於此——事後來看，鄧艾到底是哪一步走錯了？

筆者認為問題可能是出在鄧艾的個人缺陷上頭，眾所皆知，鄧艾這位名將有口吃的毛病：

有人報與姜維，維心不信，令人體訪得實，方教入城。霸拜見畢，哭告前事。維曰：「昔微子去周，成萬古之名。公能匡扶漢室，無愧古人也。」遂設宴相待。維就席問曰：「今司馬懿父子掌握重權，有窺我國之志否？」霸曰：「老賊方圖謀逆，未暇及外。但魏國新有二人，正在妙齡之際，若使領兵馬，實吳、蜀之大患也。」

維問：「二人是誰？」霸告曰：「一人現為祕書郎，乃潁川長社人：姓鍾，名會，字士季，太傅鍾繇之子，幼有膽智。繇嘗率二子見文帝。會時年七歲，其兄毓年八歲。毓見帝惶懼，汗流滿面。帝問毓曰：『卿何以汗？』毓對曰：『戰戰惶惶，汗出如漿。』帝問會曰：『卿何以不汗？』會對曰：『戰戰慄慄，汗不敢出。』帝獨奇之。及稍長，喜讀兵書，深明韜略。司馬懿與蔣濟皆稱其才。一人現為掾吏，乃義陽人也；姓鄧，名艾，字士載，幼年失父，素有大志，但見高山大澤，輒窺度指畫，何處可以屯兵，何處可以積糧，何處可以埋伏。人皆笑之，獨司馬懿奇其才，遂令參贊軍機。艾爲人口吃，每奏事必稱『艾，艾』懿戲謂曰：『卿稱艾艾，當有幾艾？』應聲曰：『鳳兮鳳兮，故是一鳳。』其資性敏捷，大抵如此。二人深可畏也」維笑曰：「量此孺子，何足道哉！」（摘自《三國演義》第一〇七回：魏主政歸司馬氏，姜維兵敗牛頭山）

鄧艾口吃的事件甚至還成爲成語「期期艾艾」的典故，由此可知，鄧艾的口吃相當嚴重，而不知道是不是口吃這個缺陷影響性格，鄧艾做事剛愎自用，又很愛羞辱他人。

鄧艾忌克詭狹，矜能負才，順從者謂爲見事，直言者謂之觸迕。雖長史司馬，參佐牙門，答對失指，輒見罵辱。處身無禮，大失人心。又好施行事役，數勞眾力。隴右甚患苦之，喜聞其禍，不肯爲用。（摘自《晉書．唐彬傳》）

而在平定蜀國之後，鄧艾又擅自封官，甚至還口出狂言。

卻說鄧艾封師纂爲益州刺史，牽弘、王頎等各領州郡；又於綿竹築臺以彰戰功，大會蜀中諸官飲宴。艾酒至半酣，乃指眾官曰：「汝等幸遇我，故有今日耳。若遇他將，必皆殄滅矣。」多官起身拜謝。忽蔣顯至，說姜維自降鍾鎮西了。艾因此痛恨鍾會，遂修書令人齎赴洛陽致晉公司馬昭。昭得書視之。書曰：

臣艾竊謂兵有先聲而後實者。今因平蜀之勢以乘吳，此席捲之時也。然大舉之後，將士疲勞，不可便用；宜留隴右兵二萬，蜀兵二萬，煮鹽興冶，並造舟船，預備順流之計；然後發使，告以利害，吳可不征而定也。更以厚待劉禪，以攻孫休，若便送禪來京，吳人必疑，則於向化之心不勸；且權留之於蜀，須來年冬月抵京。今即可封禪爲扶風王，錫以貲財，供其左右，爵其子爲公卿，以顯歸命之寵；則吳人畏威懷德，望風而從矣。

司馬昭覽畢，深疑鄧艾有自專之心……（摘自《三國演義》第一一八回：哭祖廟一王死孝，入西川二士爭功）

如果鄧艾不要這麼口無遮攔，那麼他也就不會禍從口出；而後當鄧艾被捕時，也可能會因爲口吃而無法替自己辯駁，讓自己的處境雪上加霜——筆者只能說：會淪落到這種下場，毫無疑問，鄧艾錯了。

五三一　以打虎聞名的周處於逆境中能否擔當大任？

初，周魴之子處，膂力絕人，不修細行，鄉里患之。處嘗問父老曰：「今時和歲豐而人不樂，何邪？」父老歎曰：「三害不除，何樂之有！」處曰：「何謂也？」父老曰：「南山白額虎，長橋蛟，並子爲三矣。」處曰：「若所患止此，吾能除之。」乃入山求虎，射殺之，因投水，搏殺蛟。遂從機、雲受學，篤志讀書，砥節礪行，比及期年，州府交辟。（摘自《資治通鑑》卷八十）

周處爲三國名將周魴之子，但年幼時輕狂放蕩，縱情肆慾，被鄉民認定爲與南山白虎和長橋蛟龍並列的禍害之一，後來周處洗心革面，改過自新，決定上山打老虎，下水除蛟龍，成爲鄉民眼中的英雄。

周處活躍的年代正值司馬氏的晉國崛起時，但面對晉國的步步進逼，以打虎聞名卻沒有善用他一身的膽識和氣魄扛下捍衛吳國的重責大任，抵禦北方晉國的大軍入侵，實屬可惜，畢竟打虎和屠龍的經歷並非每個人都有；當國家遭遇危難存亡之際，周惜爲名將之子，未能力挽狂瀾，這究竟是他個人能力不足？還是沒受到高層的重用？以打虎聞名的周處於逆境之中能否擔當大任？倘若眞的由周擔當大任，他能否扭轉頹勢，逆中求勝？

其實周處曾擔任「無難督」一職（註一），卻依舊無法扭轉頹勢，阻止東吳亡國的命運。然而，倘若給打虎聞名的周更高的職位，讓他擔任北伐的主將，或者是主將的副手，也許東吳就不會亡國，甚至改寫晉朝統一三國的歷史也說不定。

註一：

無難督爲東吳軍事官位職稱。

五三二　有錢卻貪財小氣的曹洪安能擔任重要職務？

曹洪字子廉，太祖從弟也。太祖起義兵討董卓，至滎陽，爲卓將徐榮所敗。太祖失馬，賊追甚急，洪下，以馬授太祖，太祖辭讓，洪曰：「天下可無洪，不可無君。」遂步從到汴水，水深不得渡，洪循水得船，與太祖俱濟，還奔譙。揚州刺史陳溫素與洪善，洪將家兵千餘人，就溫募兵，得廬江上甲二千人，東到丹楊復得數千人，與太祖會龍亢。太祖征徐州，張邈舉兗州叛迎呂布。時大饑荒，洪將兵在前，先據東平、範，聚糧穀以繼軍。太祖討邈、布於濮陽，布破走，遂据東阿，轉擊濟陰、山陽、中牟、陽武、京、密十餘縣，皆拔之。以前後功拜鷹揚校尉，遷揚武中郎將。天子都許，拜洪諫議大夫。別征劉表，破表別將於舞陽、陰葉、堵陽、博望，有功，遷厲鋒將軍，封國明亭侯。累從征伐，拜都護將軍。文帝即位，爲衛將軍，遷驃騎將軍，進封野王侯，益邑千戶，并前二千一百戶，位特進；後徙封都陽侯。

始，洪家富而性吝嗇，文帝少時假求不稱，常恨之，遂以舍客犯法，下獄當死。群臣并救莫能得。卞太后謂郭后曰：「令曹洪今日死，吾明日敕帝廢后矣。」於是泣涕屢請，乃得免官削爵土。洪先帝功臣，時人多爲觖望。明帝即位，拜後將軍，更封樂城侯，邑千戶，位特進，復拜驃騎將軍。太和六年薨，謚曰恭侯。子馥，嗣侯。初，太祖分洪戶封子震列侯。洪族父瑜，脩慎篤敬，官至衛將軍，封列侯。

魏文帝曹丕在位的期間，曾發生過一件很有意思的事，曹丕將他的叔叔曹洪逮捕下獄，理由是曹洪的手下犯法，身為管理者的曹洪督導不周，理應判死。若不是之後郭皇后的出手相救，爭議頗多的曹洪安能逃過一劫？

然而，史書卻記載曹丕逮捕曹洪的真正原因是年輕時曾跟他叔叔借錢，但有錢的曹洪卻拒絕——從這裡可以知道曹洪的個性相當吝嗇。

本文暫且不討論曹丕挾怨報復這件事，筆者好奇的是，曹洪能當到驃騎將軍，這幾乎已經是僅次於大將軍的職位了，但曹操底下猛將如雲，有錢卻貪財小氣的曹洪安能擔任重要職務？

這一切或許要從早年曹操討伐董卓開始說起，當時曹操軍隊攻至滎陽，被董卓將領徐榮伏擊導致兵敗，在撤退的過程中，曹洪將自己的坐騎交給曹操，自己則是步行殿後護衛——這個誓死效忠的舉動肯定讓曹操銘記在心。

後來曹洪又陸續立下不少戰功，不論是資歷或心態都深得一代梟雄曹操的信任，更何況還有姓郭的相挺，也難怪有錢卻貪財小氣的他能夠一路爬上高位，掌握大權。

國家圖書館出版品預行編目資料

務實阿備從政狂想曲／張奕治著. --初版.--臺中市：白象文化事業有限公司，2023.12
面； 公分
ISBN 978-626-364-180-8（平裝）
1.CST:（三國）劉備 2.CST: 傳記 3.CST: 通俗史話
782.825 112017965

務實阿備從政狂想曲

作　　者　張奕治
校　　對　張奕治
發 行 人　張輝潭
出版發行　白象文化事業有限公司
412台中市大里區科技路1號8樓之2（台中軟體園區）
出版專線：（04）2496-5995　傳真：（04）2496-9901
401台中市東區和平街228巷44號（經銷部）
購書專線：（04）2220-8589　傳真：（04）2220-8505
專案主編　黃麗穎
出版編印　林榮威、陳逸儒、黃麗穎、水邊、陳媁婷、李婕、林金郎
設計創意　張禮南、何佳諠
經紀企劃　張輝潭、徐錦淳、林尉儒、張馨方
經銷推廣　李莉吟、莊博亞、劉育姍、林政泓
行銷宣傳　黃姿虹、沈若瑜
營運管理　曾千熏、羅禎琳
印　　刷　百通科技股份有限公司
初版一刷　2023 年 12 月
定　　價　300 元